©   Verlag Zabert Sandmann
München
1. Auflage 2012
ISBN 978-3-89883-337-0

Grafische Gestaltung	Georg Feigl
Fotografie	Olaf Gollnek
Redaktion	Sarah Fischer, Katharina Lisson, Martina Solter
Redaktionelle Mitarbeit	Regina Rautenberg
Porträt- und Reportagetexte	Jakob Strobel y Serra
Herstellung	Karin Mayer, Peter Karg-Cordes, Veronika Sen
Lithografie	Christine Rühmer
Druck & Bindung	Neografia, Martin

Besuchen Sie uns auch im Internet unter www.zsverlag.de

Rainer Sass

Deutsche Fische
wie ich sie liebe

mit Fotos von Olaf Gollnek

ZABERT
SANDMANN

Inhalt

Vorwort *von Sarah Wiener*

Auf dieses Kochbuch habe ich schon lange gewartet! Als Wienerin, weit weg vom Meer, waren mir Fischspeisen immer etwas fremd. Fische zu verarbeiten, zu dünsten, kochen, braten, sodass sie saftig bleiben und wohlschmeckend sind, war für mich lange Zeit eine Gratwanderung. Wir Wiener lieben zwar die Karpfen und Forellen aus unseren Seen und Bächen, aber Meeresfische schwammen dann doch sehr weit am Teller vorbei.

Das änderte sich erst, als ich im Dezember 2004 Rainer Sass kennenlernte. Wir waren durch Zufall in die gleiche Talkshow mit Tim Mälzer, Johann Lafer und Ralf Zacherl eingeladen worden. Außer Ralf, der damals nur 50 Meter von meinem Restaurant enfernt kochte, kannte ich keinen der Köche. In der Sendung kochten wir ein Fünf-Gänge-Weihnachtsmenü live vor Publikum, dabei war jeder von uns für einen bestimmten Gang zuständig. Diese Sendung stellte sich als ein so großer Erfolg heraus, dass sie auch weiterhin fortgeführt werden sollte.

»Kerner kocht!« war geboren, und von nun an wurde jeden Freitagabend von Kerners Köchen ein Fünf-Gänge-Menü kreiert. Jeder durfte jeden Gang probieren und kritisieren. Wir hatten sehr viel Spaß dabei. Schließlich waren wir alle unterschiedlich, kochten unterschiedlich, und trotz

aller Frotzeleien mochten wir uns natürlich von Herzen gern. Das hat sich bis heute nicht geändert.

Zu Rainer Sass hatte ich aber von Anfang an ein besonderes Verhältnis. Denn es gibt Köche, und es gibt leidenschaftliche Köche. Es gibt Köche, die Kochen als Beruf wählen und es gibt Köche, die berufen werden und ihr Leben der Kulinarik widmen. So ein Koch ist Rainer Sass. Wenn Rainer bei mir anruft, dann folgt erst einmal ein ausführlicher Bericht, was er gerade kocht, gekocht hat oder noch kochen wird. Wir erörtern dann das Für und Wider bestimmter Zutaten, Zubereitunsarten und Kombinationen und besprechen die verschiedenen Möglichkeiten. Wir philosophieren darüber, welcher Wein am besten zu welchem Gericht passt. Wir ergänzen und inspirieren uns und profitieren von den Ideen des anderen. Aber wenn es um Fischrezepte geht, muss ich neidlos gestehen: Da hat er mir etwas voraus.

Rainer – das war schnell klar, hat ein enormes Fischwissen und eine besondere Liebe und Beziehung zu den Lebewesen aus dem kühlen Nass. Vielleicht liegt es tatsächlich an der Nähe zur See. Was nicht bedeutet, dass ihm die Bewohner unserer Bäche, Flüsse und Seen weniger nahestünden. Rainer weiß ganz genau, worauf es bei der Zube-

reitung ankommt, egal, ob es um Hecht, Felchen oder Zander, Hering, Lachs oder Steinbutt geht. Er kennt ihre kulinarischen Unterschiede und Eigenheiten, weiß genau, mit welchen Aromen, Beilagen und natürlich Weinen sie am besten harmonieren.

Er teilt dieses Wissen immer großzügig mit allen anderen, und zum Glück profitiere ich schon lange davon. Manchmal kommt er bei mir in Hamburg spontan mit einer Schüssel Matjessalat unterm Arm vorbei, und ich darf erste Verkosterin und Testerin seiner neuen Kreationen sein. Ich erinnere mich noch genau an ein legendäres Essen bei Rainer in Stade, zu dem er mich und noch vier weitere Köche eingeladen hatte. Wir reisten alle aus unterschiedlichen Richtungen an, schlugen uns den ganzen Abend die Bäuche voll und plünderten seinen enorm gut bestückten Weinkeller. Seine mit Tomaten und Speck gefüllte Forelle habe ich noch heute auf der Zunge.

Rainer ist aber nicht nur ein guter Koch, sondern auch ein sehr achtsamer und bewusster Koch. Er interessiert sich nicht nur für den Geschmack und die Zubereitung, sondern auch dafür, woher die Fische kommen, was sie gefressen haben und ob man sie überhaupt essen sollte. Deswegen kennt er auch die richtigen Anlaufstellen für guten Fisch aus nachhaltiger Fischerei. Menschen, denen er vertrauen kann, die respektvoll mit der Natur und den Fischen umgehen und die nur die allerbeste Ware liefern.

Rainer Sass vertritt konsequent seine Überzeugungen und handelt auch danach. Das ist eine unserer großen Gemeinsamkeiten: Wir teilen die Wertschätzung und den Respekt vor unseren Lebensmitteln und verstehen die Notwendigkeit, die Auswirkungen unseres Essverhaltens zu bedenken. Ich finde, wir brauchen mehr von solchen Köchen wie Rainer, die über den Tellerrand hinausblicken und ihre Überzeugungen leben und artikulieren.

Ich wünsche Ihnen viel Vergnügen mit diesem sehr persönlichen, inspirierenden Fischkochbuch und hoffe, dass Sie genauso viel Freude daran haben wie ich.

Danke Rainer!

Ihre

Sarah Wiener

Einführung

Seit der Mensch denken kann, fängt er Fische. Schon vor Zehntausenden Jahren, lange vor dem Entstehen der ersten Zivilisationen, wusste er mit Angel, Harpune, Netz und Reuse umzugehen. Die Steinzeitmenschen stellten Fische auf den Felsmalereien in ihren Höhlen dar, und in den ersten Hochkulturen Mesopotamiens und Altägyptens gehörten Fische zu den Grundnahrungsmitteln und wichtigsten Proteinlieferanten aller Bevölkerungsschichten. Der Fisch, den Jesus neben den fünf Gerstenbroten wundersam vermehrte, sollte zum Symbol des Christentums und zum ständigen Begleiter der Menschheit in ihrem Gang durch die Geschichte werden. So ist es bisher immer gewesen. Und so könnte es eines Tages nicht mehr sein. Denn Fisch ist nicht nur eine Delikatesse, sondern auch eine delikate Ressource, mit der wir schonend umgehen müssen. Sonst ist sie eines Tages erschöpft. Und eine Welt ohne Fisch ist nicht nur für jeden Feinschmecker eine Schreckensvision.

Um die Süßwasserfische müssen wir uns keine Sorgen machen. Die meisten Arten kann man gut züchten, und die wenigsten werden überfischt. Doch ihren Cousins im Salzwasser geht es an den Kragen. Jedes Jahr werden weltweit 80 bis 90 Millionen Tonnen Fisch aus den Meeren geholt, viermal mehr als noch 1950. Heute plündern schwimmende Fischfabriken die Ozeane, die ihren Fang an Bord filetieren, portionieren, einfrieren und als anonyme weiße Masse an Land bringen. Kein Fischschwarm entgeht den Ultraschallwellen ihrer Echolote, kein Meeresbewohner entkommt der

Gier ihrer Schleppnetze, die mehr als 20 000 Quadratmeter große Öffnungen haben – größer als drei Fußballfelder sind diese gefräßigen Schlunde, in denen alles verschwindet, was im Meer seine Heimat hat. Noch schlimmer sind die Grundschleppnetze, die den Meeresboden gnadenlos abraspeln und eine Spur der Verwüstung hinterlassen.

Zu einer immer dramatischeren Bedrohung entwickeln sich auch die alten, unbrauchbaren Netze, die einfach ins Meer geworfen werden. Da sie aus Kunststoff bestehen, verrotten sie nicht, sondern führen ein gespenstisches Dasein als sogenannte Geisternetze, in denen sich Fische, Seevögel, Delfine und Wale verfangen und kläglich verenden. Und zu schlechter Letzt ist der Beifang der industriellen Fischerei ein monströses Problem: Nach Schätzung von Umweltschützern werden jedes Jahr etwa 30 Millionen Tonnen Fisch wieder ins Meer geworfen, weil dieser Beifang für die Massenfischerei unbrauchbar ist – die Tiere sind entweder tot oder verletzt oder zu klein für die Weiterverarbeitung, oder aber der Trawler hat keine Fangquote für diese Sorte Fisch.

Deutschland steht als Fischereination nicht am Pranger des maritimen Raubbaus. Die Fangflotte ist mit 1700 Booten und Schiffen vergleichsweise klein. Die meisten Kutter taugen ohnehin nur für die küstennahe Fischerei. Und es gibt überhaupt nur neun Hochseetrawler. Doch das ist ein schwacher Trost angesichts der Überfischung der Meere. Die Europäische Kommission hält inzwischen 63 Prozent

der Bestände im Atlantik für überfischt, im Mittelmeer sollen es 82 Prozent sein, während ein Viertel der Fischpopulationen in aller Welt sogar schon zusammengebrochen ist.

Dass es höchste Zeit zum Handeln ist, hat zumindest die EU-Kommission begriffen und ein umfassendes Reformpaket auf den Tisch gelegt: Sie will nur noch nachhaltige Fischerei erlauben; das heißt, dass nicht mehr Fische aus dem Meer geholt werden dürfen als nachwachsen. Jeder vernünftige Mensch wird das für eine gute, ja zwingende Idee halten. Politiker und Lobbyisten denken allerdings anders: Sie haben dafür gesorgt, dass die Reform im Juni 2012 scheiterte und verschoben wurde. Die Verpflichtung, die Ozeane nachhaltig zu bewirtschaften, wird – anders als ursprünglich geplant – nicht schon 2015, sondern erst 2020 in Kraft treten, wenn überhaupt. Und die Fangquoten nach wissenschaftlichen Erkenntnissen, also nach Population und Reproduktion, und nicht nach den Wünschen der Fischereiindustrie festzulegen bleibt bis auf Weiteres ein frommer Wunsch.

Niemand muss auf Fisch verzichten. Es ist genügend Fisch für alle da. Doch wir müssen ihn mit Verstand und Vernunft, mit Bedacht und dem Bewusstsein essen, dass er keine unendliche Ressource ist. Wir sollten zum Beispiel eher auf Fische aus Aquakulturen zurückgreifen, selbst wenn die Zuchtanlagen nicht frei von allen Zweifeln sind. So gelangen stark verschmutzte Abwässer aus der Massentierhaltung ins Meer oder in die Flüsse, außerdem werden tonnenweise in freier Wildbahn gefangene Fische zu Fischmehl verarbeitet und an die Zuchtfische verfüttert.

Auf jeden Fall sollten wir auf zertifizierte Produkte mit einem Ökosiegel zurückgreifen. Diese Siegel garantieren zwar nicht immer lupenreine Nachhaltigkeit und stehen manchmal in der Kritik. Aber besser als Massenindustrieware ist solcher Fisch allemal. Und wir Deutschen können uns wieder einmal rühmen, Naturschutzpioniere zu sein: In keinem anderen Land der Welt wird mehr zertifizierter Fisch aus nachhaltiger Fischerei verkauft als in Deutschland. Da müssen wir wegen unseres Fischkonsums von knapp 16 Kilo pro Kopf und Jahr wahrlich kein schlechtes Gewissen haben.

Wie wirkungsvoll ein schonender, vernünftiger, bewusster Umgang mit den Meeresbewohnern ist, zeigen ermutigende Nachrichten aus der Nordsee und Ostsee: Die Zahl der Schollen und der Dorsche ist dort in den vergangenen fünf Jahren stark gestiegen, unter anderem, weil die Niederlande und Polen ihre Fangflotten deutlich reduziert haben – eine kleine Atempause hat genügt, damit sich die Bestände drastisch erholen konnten. Und ebenso ermutigend ist es, dass inzwischen knapp die Hälfte der Fischbestände in der Europäischen Union nach den Kriterien der Nachhaltigkeit befischt werden und sich die Bestände vollständig reproduzieren können. Das ist eine wunderbare Nachricht – für die Fische, für die Fischer und für uns Fischliebhaber.

Aal

Anguilla anguilla

Familie: Anguillidae (Aalartige)
Größe: Weibchen 130 cm, Männchen 60 cm
Alter: bis zu 50 Jahre
Lebensraum: Binnengewässer in ganz Europa, Kleinasien, Nordafrika
Verwendung in der Küche: Aal schmeckt gebraten oder gekocht, der hohe Fettgehalt des Fleisches macht ihn aber auch zum idealen Räucherfisch.

Gebrüder Oestmann,
Elbfischer.

Carsten Oestmann,
geb. d. 29. Nov. 1800.

Johann Oestmann,
geb. d. 14. Juli 1806.

Joachim Oestmann,
geb. d. 16. Aug 1802.

Claus Oestmann,
geb. d. 14. Aug 1808.

Hans Oestmann,
geb. d. 2. Sept. 1799.

Matthias Oestmann,
geb. d. 27. März 1798.

Photogr. d. 16. April 1883.

Wenn ich einen Aal sehe, werde ich immer ein bisschen sentimental. Dann muss ich jedes Mal an den ersten Aal denken, den ich gefangen habe mit zehn oder elf Jahren. Ich bin fast jeden Tag mit meinen älteren Brüdern zum Elbufer von Stade gefahren, durfte aber am Anfang nur Hilfsarbeiten verrichten, Eimer tragen, Köder vorbereiten und solche Sachen. Doch eines Tages war es so weit: Ich war alt genug, warf meine Angel aus, und als der erste Aal meines Lebens an der Schnur zappelte, war das für mich ein überwältigender Glücksmoment, ein Augenblick von ungeheurem Stolz. Wir haben die Aale dann einfach in der Pfanne auf einem Campingkocher gebraten, ohne Butter oder Öl oder gar Gewürze. Von Garzeiten hatten wir keine Ahnung, und trotzdem hat es fantastisch geschmeckt. Seither bin ich den Aalen immer treu geblieben. Am liebsten esse ich sie geräuchert oder als gebratenen Snack mit Rührei und Schmalzbrot. Aal ist aber auch ein gutmütiger Fisch, der sich mit vielem verträgt. Man kann ihn mit Couscous kombinieren oder mit Lorbeerblättern, und gesotten in Grüner Sauce schmeckt er genauso gut.

Mythen, Legenden und Rätsel

Mich faszinieren Aale seit meiner Kindheit, weil sie so geheimnisvoll sind, Weltenwanderer im wahrsten Sinn des Wortes. Sie werden in der Sargassosee in der Karibik geboren, schwimmen dann in einer jahrelangen Reise nach Europa und verlassen irgendwann das Meer, um sich in den Binnengewässern niederzulassen. Dort ernähren sie sich von Würmern und Wasserinsekten, Schnecken und Krebsen und jagen auch kleinere Fische. Sie führen meist ein Leben im Verborgenen, halten sich am liebsten am Grund des Wassers auf und zeigen sich den Menschen kaum einmal. Deswegen ranken sich auch so viele Legenden um die Aale. Früher glaubte man zum Beispiel, sie kämen nachts an Land gekrochen, um sich den Bauch mit Erbsen und Bohnen vollzuschlagen.

Ein Wanderer zwischen den Welten: Der schlangenförmige Aal überquert zweimal in seinem Leben den Atlantik – wenn er nicht in den Netzen von Elbfischern wie den Oestmanns landet.

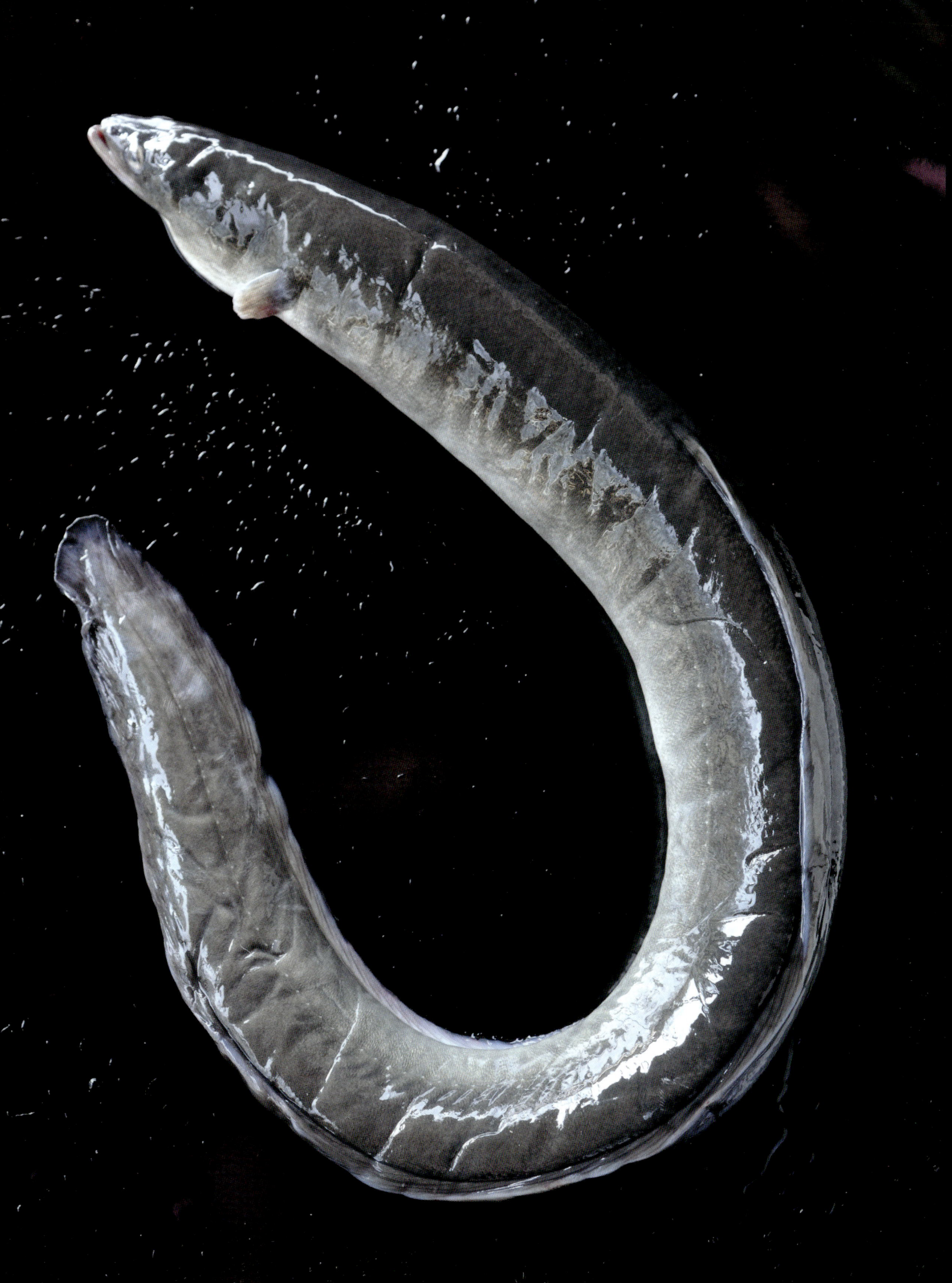

Der Urschnacker auf seinem Kutter

Natürlich plündern die Aale nachts nicht die Felder, doch in der Legende steckt ein wahrer Kern. Denn sie können tatsächlich für kurze Zeit das Wasser verlassen und über den feuchten Boden kriechen. Da ist es kein Wunder, dass man Aale im Mittelalter für Schlangen hielt oder zumindest glaubte, sie paarten sich mit Schlangen. Und die Volksmedizin schrieb ihnen ohnehin Zauberkräfte zu. Zum Ablaichen wandern die Aale dann wieder zurück zu ihrem Geburtsort in der Karibik. Für diese 5000 Kilometer lange Tortur von Reise müssen sie sich enorme Fettreserven anfressen. Deswegen bestehen bis zu 30 Prozent ihrer Körpermasse aus nichts anderem als dem Energiespeicher Fett. Und wenn sie in der Karibik angekommen sind, paaren sie sich mit letzter Kraft, um dann völlig erschöpft zu sterben. Dafür, dass viele Aale gar nicht so weit kommen, sorgen Männer wie Heinz Oestmann. Er ist der letzte Elbfischer aus Hamburg-Finkenwerder, der noch mit seinem eigenen Kutter unterwegs ist – wenn er nicht gerade in seiner Gaststätte den Fang verkauft. Oestmann ist ein Original wie aus einem Heimatfilm, genau das, was wir hier oben im Norden einen »Urschnacker« nennen: ein bodenständiger Mann mit knorriger Seelenruhe, wortkargem Wesen und staubtrockenem Humor, den man wohl haben muss, wenn man fast 50 Jahre lang bei Wind und Wetter auf See war. »Der könnte auch direkt aus dem Wasser kommen« – so sagt man bei uns zu Männern wie Heinz Oestmann, die mit einem herrlich brummigen Enthusiasmus über ihren Fisch und ihren Fluss, ihr Meer und ihren Kutter reden. Wir müssen allen unseren Oestmanns dankbar sein. Denn sie sind die letzten Hüter einer Tradition, die es bald vielleicht nicht mehr geben wird.

Zum Aal braucht man einfach einen Schnaps, denn es gibt kaum einen fetteren Fisch als den Räuber aus den Tiefen der Flüsse: Gemeinsam mit Heinz Oestmann aus Finkenwerder, dem Musterbeispiel eines norddeutschen Originals und letztem Vertreter einer Dynastie von Elbfischern, genehmige ich mir einen Kräuterlikör – auch wenn es noch recht früh am Morgen ist.

Aal blau
mit Petersilien-Pesto

Zutaten für 4 Personen

Für den Aal: 2 Aale (à 500 g; küchenfertig), 2 Zwiebeln,
1 unbehandelte Zitrone, 3 EL Weißweinessig, 4 Lorbeerblätter,
10 Pfefferkörner, 2 EL Meersalz
Für das Pesto: 2 Bund Petersilie, 1 Knoblauchzehe,
100 ml Olivenöl, Zitronensaft, Salz, Zucker

1 Für den Aal die Fische waschen und trocken tupfen, die Köpfe entfernen. Die Aale in etwa
   10 cm lange Stücke schneiden.

2 Die Zwiebeln schälen und in Ringe schneiden. Die Zitrone heiß waschen, trocken reiben
   und in Scheiben schneiden. Essig, Lorbeerblätter, Pfefferkörner, Meersalz, Zwiebelringe und
   Zitronenscheiben mit 1 l Wasser in einen Topf geben und aufkochen. Den Sud 5 Minuten
   kochen lassen, dann die Hitze reduzieren. Die Aalstücke in den Sud legen und bei schwacher
   Hitze etwa 15 Minuten ziehen lassen.

3 Für das Pesto die Petersilie waschen, trocken schütteln und die Blätter in einen hohen Rührbecher geben. Den Knoblauch schälen und halbieren. Etwas Olivenöl zur Petersilie geben
   und mit dem Stabmixer leicht pürieren. Das restliche Öl und den Knoblauch dazugeben.
   Alles zu einer feinen Paste pürieren. Mit Zitronensaft, Salz und Zucker abschmecken.

4 Die Aalstücke mit dem Schaumlöffel aus dem Sud heben und abtropfen lassen. Auf Teller
   verteilen und mit dem Pesto anrichten. Dazu passen Salzkartoffeln.

Lorbeer-Aal
mit Zitrone

Zutaten für 4 Personen

2 Aale (à 500 g; küchenfertig), 2 EL Butterschmalz,
1 EL Olivenöl, 20 frische Lorbeerblätter, Saft von ½ Zitrone,
Salz, Pfeffer aus der Mühle

1 Die Aale waschen und trocken tupfen. Die Köpfe entfernen und die Haut abziehen. Die Aale in etwa 10 cm lange Stücke schneiden.

2 Das Butterschmalz und das Olivenöl in einer Pfanne erhitzen und die Aalstücke darin bei starker Hitze anbraten. Dann bei mittlerer Hitze auf jeder Seite 3 Minuten weiterbraten. Die Lorbeerblätter dazugeben und mitbraten. Die Aalstücke zwischendurch mit dem Zitronensaft und Bratfett beträufeln. Mit Salz und Pfeffer würzen.

3 Die Aalstücke aus der Pfanne nehmen, auf Tellern anrichten und servieren. Dazu schmecken Bauernbrot oder Salzkartoffeln.

Gebratener Aal
auf Paprika-Sellerie-Couscous

Zutaten für 4 Personen

Für den Couscous: je 1 kleine rote und gelbe Paprikaschote, 2 Frühlingszwiebeln, 2 Stangen Staudensellerie, 1 Schalotte, ½ Bund Petersilie, 2 EL Olivenöl, 200 g Couscous, Salz, Pfeffer aus der Mühle

Für den Aal: 2 Aale (à 500 g; küchenfertig), 2 EL Butterschmalz, 1 EL Olivenöl, Saft von ½ Zitrone, Salz, Pfeffer aus der Mühle

1 Für den Couscous die Paprikaschoten längs halbieren, entkernen, mit dem Sparschäler schälen und in feine Würfel schneiden. Die Frühlingszwiebeln und den Sellerie putzen, waschen und in feine Ringe schneiden. Die Schalotte schälen und in feine Würfel schneiden. Die Petersilie waschen und trocken schütteln, die Blätter abzupfen und fein hacken.

2 Das Olivenöl in einer Pfanne erhitzen, Paprika, Frühlingszwiebeln, Sellerie und Schalotte darin andünsten. Mit dem Couscous in eine Schüssel geben, 300 ml kochendes Wasser dazugießen, mischen und 15 Minuten ziehen lassen.

3 Für den Aal die Fische waschen und trocken tupfen. Die Köpfe entfernen und die Haut abziehen. Die Aale in etwa 10 cm lange Stücke schneiden. Butterschmalz und Olivenöl in einer Pfanne erhitzen und die Aalstücke darin bei starker Hitze rundum anbraten. Dann bei mittlerer Hitze 6 Minuten weiterbraten, zwischendurch mit Zitronensaft und Bratfett beträufeln, mit Salz und Pfeffer würzen. Die Petersilie unter den Couscous mischen, mit Salz und Pfeffer abschmecken. Auf Teller verteilen und den Aal darauf anrichten.

Aalrisotto
mit Kerbel und Limette

Zutaten für 4 Personen

3 geräucherte Aale (à 200 g), 2 Schalotten, 2 Knoblauchzehen,
3 EL Olivenöl, 250 g Risottoreis (Carnaroli oder Aborio),
200 ml Weißwein, ¾ l heiße Fleischbrühe, 1 Bund Kerbel,
50 g geriebener Parmesan, Saft von ½ Limette, Salz, Pfeffer
aus der Mühle

1 Von den Aalen die Köpfe entfernen, die Haut abziehen und beiseitelegen. Die Filets von den Gräten lösen und in Stücke schneiden.

2 Die Schalotten und den Knoblauch schälen und in feine Würfel schneiden. Das Olivenöl in einem Topf erhitzen und die Schalotten und den Knoblauch darin andünsten. Den Reis dazugeben und unter Rühren glasig dünsten. Die Aalhäute dazugeben. Mit dem Wein ablöschen und einköcheln lassen. So viel heiße Brühe angießen, dass der Reis bedeckt ist, und unter häufigem Rühren einköcheln lassen. Den Vorgang wiederholen, bis der Reis nach 20 bis 25 Minuten bissfest gegart ist.

3 Den Kerbel waschen und trocken schütteln, die Blätter abzupfen und fein hacken. Die Aalhaut aus dem Risotto entfernen. Den Parmesan und den Kerbel unter das Risotto rühren. Mit Limettensaft, Salz und Pfeffer abschmecken.

4 Den Risotto auf Teller verteilen und die Aalstücke darauf anrichten.

Friesisches Ratatouille
mit Räucheraal und Wachteleiern

Zutaten für 4 Personen

400 g geräuchertes Aalfilet (ohne Haut), 4 Wachteleier, je 1 rote,
gelbe und grüne Paprikaschote, 2 Schalotten, 1 Fenchelknolle,
1 Zucchino, 3 mittelgroße Tomaten, 1 Knoblauchzehe, 1 Bund Petersilie,
2–3 Zweige Thymian, 1 Zweig Rosmarin, 2 EL Olivenöl, Salz, Pfeffer
aus der Mühle, 4 Scheiben Schwarzbrot

1 Die Aalfilets in 3 bis 4 cm lange Stücke schneiden. Die Wachteleier in kochendem Wasser
2 bis 3 Minuten garen, kalt abschrecken und abkühlen lassen.

2 Die Paprikaschoten halbieren, entkernen und waschen. Die Schalotten schälen. Den Fenchel
putzen, waschen, halbieren und den harten Strunk entfernen. Den Zucchino putzen,
waschen, der Länge nach vierteln und die Kerne entfernen. Die Tomaten kreuzweise einritzen, überbrühen, kalt abschrecken, häuten und vierteln. Die Stielansätze entfernen.
Das Gemüse in kleine Würfel schneiden.

3 Den Knoblauch mit der Schale leicht andrücken. Die Kräuter waschen und trocken schütteln,
die Blätter bzw. Nadeln abzupfen und fein hacken.

4 Das Olivenöl in einer großen Pfanne erhitzen und die Schalotten darin andünsten. Erst die
Paprika-, Fenchel- und Zucchiniwürfel dazugeben und andünsten. Dann die Kräuter und
den Knoblauch hinzufügen und alles unter ständigem Rühren 4 bis 5 Minuten bissfest garen.
Zum Schluss die Tomatenwürfel vorsichtig untermischen. Das Ratatouille mit Salz und Pfeffer abschmecken und lauwarm abkühlen lassen.

5 Die Brotscheiben in einer Pfanne ohne Fett auf beiden Seiten anrösten und auf Teller legen.
Das lauwarme Ratatouille darauf verteilen. Die Aalstücke darauf anrichten. Die Eier pellen,
halbieren und auf die Aalfilets setzen. Als Vorspeise servieren.

Räucheraalbrote
mit Dill-Rührei

Zutaten für 4 Personen

400 g geräuchertes Aalfilet (ohne Haut), 1 Bund Dill,
6 Eier, Salz, Pfeffer aus der Mühle, 2 Schalotten,
3 EL Butter, 4 Scheiben Bauernbrot

1 Das geräucherte Aalfilet in 12 gleich große Stücke schneiden. Den Dill waschen und trocken schütteln, die Spitzen abzupfen. Einige Dillspitzen für die Garnitur beiseitelegen, den Rest fein hacken.

2 Die Eier in einer Schüssel verquirlen und mit Salz und Pfeffer würzen. Die Schalotten schälen und in feine Würfel schneiden. Die Butter in einer Pfanne erhitzen und die Schalotten darin andünsten. Die Eier dazugeben, den Dill darüberstreuen und die Masse bei schwacher Hitze unter gelegentlichem Rühren stocken lassen.

3 Die Brotscheiben auf Teller legen, das Rührei darauf verteilen und mit je 3 Stücken Aal belegen. Mit den Dillspitzen garniert servieren.

Felchen

Coregonus

Familie: Salmoniformes (Lachsartige)
Größe: zwischen 35 und 60 cm
Alter: 7 Jahre
Lebensraum: Seen in Süddeutschland, Österreich, Nord-italien und der Schweiz, vereinzelt auch in Skandinavien
Verwendung in der Küche: Felchen werden im Ganzen oder filetiert gebraten, gedünstet, pochiert, mariniert oder gegrillt. Sehr beliebt sind ganze, am Stock gegrillte Felchen, »Steckerlfisch« genannt.

Ein wunderschöner Fisch mit einem fantastischen Geschmack: Felchen sind in den Seen Süddeutschlands wie dem Starnber-ger See weitverbreitet – und überall als Delikatesse geschätzt.

Natürlich verstehen wir Norddeutschen mehr vom Fisch als die Menschen in Süddeutschland. Wir haben das Meer, bei uns münden die großen Flüsse, und auf unseren Tellern liegen viel häufiger Schollen oder Sprotten als im Süden. Deswegen muss man aber noch lange nicht überheblich werden. Denn ich habe bei meinen Reisen nach Süddeutschland gelernt, dass es auch weit weg von der Küste eine wunderbare Fischkultur gibt – und Fische, die wir im Norden kaum kennen, obwohl sie grandiose Delikatessen sind. Ein solcher Fisch ist der Felchen, der für mich als Nordlicht ein Exot, in Süddeutschland, Österreich und der Schweiz hingegen ein Alltagsfisch ist. Er stammt aus der Familie der Lachsartigen und hat 1000 verschie-dene Namen je nach Region und Dialekt. Viele nennen ihn Felchen, manche Renke, andere Schnäpel, man kennt ihn als Maräne oder Reinanke. Und immer ist es ein eleganter, silbern glänzender Fisch mit einer perfekten Ellipsenform und einem komplizierten Grätengerüst, von dem man sich aber keinesfalls abschrecken lassen darf.

Das nasse Grab des Märchenkönigs

Felchen – oder Renken, wie man in Bayern sagt – lieben tiefe Seen mit klarem, kaltem Wasser, so wie den Starnberger See, an dem man nicht vorbeikommt, wenn man auf der Suche nach den besten aller Felchen ist. In dieser traumhaften Gegend bin auch ich fündig geworden: bei den Sebalds, hauptberuflich Felchenfischer und nebenbei ganz entzückende Menschen. Sie haben einen Familienbetrieb seit 1845, der immer noch stolz den Zusatz »Hoffischer« im Namen führt, weil die Sebalds früher Hoflieferant des bayerischen Königshauses waren. Wahrscheinlich hat auch Bayerns unglücklicher Märchenkönig Ludwig II., der am Starnberger See ins Wasser ging, den einen oder anderen Felchen aus dem Hause Sebald gegessen.

Vagabunden aus dem hohen Norden

Der Starnberger See ist viel größer und wilder, als man denkt. Das wurde mir klar, als ich mit Matthias Sebald hinausfuhr und unser Boot derart bedenklich schwankte, dass ich Leichtmatrose in diesem Moment ganz froh war, mein Brot nicht als Fischer auf einem oberbayerischen See verdienen zu müssen. Matthias Sebald aber blieb völlig ungerührt, erzählte mir alles über die Felchen und verblüffte mich mit der Erkenntnis, dass die Fische meine Landsleute sind. Sie stammen aus dem Norden und gelangten mit der großen Schmelze am Ende der letzten Eiszeit in den Süden. Als das Eis dann endgültig zurückging und die Gletscher verschwanden, blieben große Seen übrig, der Bodensee und der Starnberger See, der Tegernsee und die Seensysteme in der Schweiz. In diesen nährstoffreichen Gewässern mit ihren tiefen Temperaturen vermehrten sich die Felchen besonders gut, weil sie sich vor allem von Plankton ernähren, das wiederum im kalten Wasser beste Wachstumsbedingungen findet. So wurden die Felchen zum Brot- und Butterfisch in den nördlichen Alpen, wobei die Fischer die sogenannten Schwebfelchen bevorzugen: jene Fische, die im Gegensatz zu den Bodenfelchen nicht am Seegrund leben, sondern ihre Nahrung im freien Wasser finden.

Diese Menschen lieben ihre Fische mindestens ebenso innig wie ihre Heimat. Die Sebalds fischen im Starnberger See nach Felchen und verarbeiten sie unmittelbar nach dem Fang in ihrer kleinen Fischerei. Und die Menschen in dieser traumhaft schönen Ecke Bayerns essen die Felchen so begeistert und selbstverständlich wie ihre Weißwurst im Biergarten.

Ein Bayern wie aus dem Bilderbuch

Für Laien ist es unmöglich, die einzelnen Felchenarten voneinander zu unterscheiden. Selbst Fischer wie die Sebalds müssen sie genau prüfen. Sie schauen sich die Zahl und Länge der Kiemenreusendornen an, um Schwebfelchen und Bodenfelchen auseinanderhalten zu können. Bei den Schwebfelchen sind diese Dornen länger und dichter, denn mit ihnen wird das Plankton aus dem Wasser gefiltert. Die Bodenfelchen hingegen ernähren sich weniger von Plankton, sondern halten am Grund des Sees lieber Ausschau nach dem Laich anderer Fische.

Ich habe viel gelernt am Starnberger See – nicht nur über die Biologie der Felchen, nicht nur über das Glück der Felchenfischer, deren Netze voller denn je sind, weil die Seen im Alpenraum in jüngster Zeit immer sauberer werden und die Fische dadurch mehr Nahrung finden. Am meisten hat mich die Heimatliebe der Menschen beeindruckt, die pausenlos aus tiefstem Herzen sagen: »Mei, ist das nicht schön hier!« Als ich jemanden fragte, wo es zu den Felchenfischern gehe, sagte er mir nur: »Da musst du ganz nach dahinten fahren, dorthin, wo es am schönsten ist, da sind die Fischer.« Und es ist ja auch berauschend schön, ein Bilderbuch-Bayern, eine einzige Traumkulisse, von der selbst mir eingefleischtem Norddeutschen der Abschied immer wieder schwerfällt – vor allem wenn man im Brotzeitgarten der Sebalds sitzt und unter Apfelbäumen frisch gefangenen Fisch verspeist, den man gerade bei den königlichen Hoflieferanten gekauft hat. Hier könnte ich ein halbes Leben lang hocken. Doch die nächsten Fischliebhaber warten schon: die Wittes, Fischzüchter mit großen Teichen bei Erding und Fischhändler mit einem legendären Geschäft auf dem Münchner Viktualienmarkt.

Seit Menschengedenken werden Fische gezüchtet. Schon im alten Babylon und im Ägypten der Pharaonen überlistete man die Natur – und die Methoden sind bis heute im Wesentlichen gleich geblieben. Auch bei den Wittes, die neben ihrem Geschäft auf dem Münchner Viktualienmarkt eine Fischzucht in Erding betreiben, ist dieses Gewerbe vor allem harte Handarbeit.

Ein Loblied auf die Freundlichkeit

Von den Wittes kann man genau dasselbe sagen wie von den Sebalds. Ich tue es mit dem größten Vergnügen und auch mit ein bisschen Zerknirschung: Denn diese wunderbaren Menschen lieben nicht nur ihre Fische heiß und innig, sie sind obendrein auch noch unglaublich freundlich. Von wegen bayerische Grantler! Da können sich eher meine brummbärigen norddeutschen Elbfischer etwas von der Offenheit und Freundlichkeit der Bayern abschneiden. Und wenn wir schon bei der kleinlauten Selbstkritik sind: Ja, es stimmt, im Süden Deutschlands legt man viel mehr Wert auf gutes Essen als im Norden. Hier ist die kulinarische Kultur einfach weiter entwickelt, hier lässt sich niemand mit zweitklassigem Essen abspeisen.

Ein Paradies für Fischliebhaber

Jeder, der mir jetzt vorwirft, ich würde übertreiben und sei außerdem kein Patriot, sondern ein norddeutscher Vaterlandsverräter, dem empfehle ich einen Besuch bei den Wittes auf dem Viktualienmarkt. Mit welcher Begeisterung und Hingabe dort alle Schätze des Meeres präsentiert werden, ist einfach überwältigend. Ich hätte niemals so viel Leidenschaft für Fisch in Süddeutschland erwartet – bis ich hier aufs Schönste eines Besseren belehrt wurde. Und Klaus und Hella Witte sind trotz ihres sensationellen Sortiments vom weißen Heilbutt aus Alaska bis zum Thunfisch von den Philippinen überhaupt keine Schnösel, sondern sich nicht zu schade, auch so etwas vergleichbar Banales wie ein Fischbrötchen anzubieten.

Wenn ich aber schon einmal hier bin, bleibe ich natürlich den Felchen treu, die sich übrigens auch mit einem bayerischen Bier bestens vertragen. Für mich gibt es überhaupt keinen Zweifel: Sollte es mich irgendwann nach Bayern verschlagen, käme bei mir mindestens einmal pro Woche ein Felchen auf den Tisch. Und dass es hier auch ein Hanseat aushalten kann, beweist Hella Witte höchstpersönlich: Ihr Vater stammt aus Hamburg. Ihre Liebe zum Fisch aber verdankt sie den bayerischen Seen.

Eine Liebenswürdigkeit, die ansteckt, und eine Leidenschaft für alles, was schwimmt, die überwältigt: Bei den Wittes auf dem Viktualienmarkt in München wird Fisch geradezu zelebriert. Doch die Bodenhaftung geht dabei zum Glück nie verloren. Nach so viel Freundlichkeit muss man sich an die Schnoddrigkeit der Hamburger Fischhändler erst wieder gewöhnen.

Felchen »Büsumer Art«
mit Krabben und Kartoffelpüree

Zutaten für 4 Personen

Für das Kartoffelpüree: 600 g mehligkochende Kartoffeln, Salz,
125 ml Milch, 125 g Sahne, 3 EL Butter, Pfeffer aus der Mühle,
frisch geriebene Muskatnuss

Für den Felchen: 4 Felchenfilets (à 100 g; mit Haut), Salz,
Pfeffer aus der Mühle, Mehl zum Wenden, 3 EL Butter, 1 EL Olivenöl,
200 g Nordseekrabben (vorgegart), 3 Schalotten, 1 Bund Dill,
150 ml Gemüsebrühe, 150 ml Weißwein (z.B. Riesling),
80 g Crème fraîche

1   Den Backofen auf 180 °C vorheizen. Für das Kartoffelpüree die Kartoffeln schälen, waschen und in Salzwasser etwa 20 Minuten weich garen.

2   Inzwischen die Felchenfilets waschen, trocken tupfen und mit Salz und Pfeffer würzen. Das Mehl in einen tiefen Teller geben und die Fischfilets darin wenden, überschüssiges Mehl abklopfen. Die Butter und das Olivenöl in einer großen Pfanne erhitzen, die Filets darin auf der Hautseite bei mittlerer Hitze etwa 1 Minute braten. Wenden und 1 Minute weiterbraten. Herausnehmen und auf ein tiefes Backblech legen.

3   Die Krabben auf einem Sieb abbrausen und abtropfen lassen. Die Schalotten schälen und in sehr feine Würfel schneiden. Den Dill waschen, trocken schütteln, die Spitzen abzupfen und fein hacken. Die Schalotten und die Krabben auf den Fischfilets verteilen. Die Brühe und den Wein angießen und die Felchen im Ofen auf der mittleren Schiene etwa 5 Minuten garen.

4   Die Milch mit der Sahne in einem kleinen Topf erhitzen und die Butter darin zerlassen. Die Kartoffeln abgießen, ausdampfen lassen und durch die Kartoffelpresse in eine Schüssel drücken. Die Milch-Sahne-Mischung zu der Kartoffelmasse gießen und alles mit einem Kochlöffel zu einem lockeren Püree verrühren. Mit Salz, Pfeffer und Muskatnuss abschmecken.

5   Die Felchenfilets mit den Krabben und etwas Sud auf Teller verteilen, mit dem Dill bestreuen und je 1 Klecks Crème fraîche daraufsetzen. Das Kartoffelpüree dazu servieren.

Gebratenes Felchenfilet
auf Ananas-Safran-Reis

Zutaten für 4 Personen

Für den Reis: 200 g Basmatireis, Salz, 4 weiße Champignons,
3 Frühlingszwiebeln, 1 rote Paprikaschote, 1 kleine Fenchelknolle,
1 walnussgroßes Stück Ingwer, ¼ Ananas (in Scheiben), 2 EL Olivenöl,
Zitronensaft, 200 ml Gemüsebrühe, 2 Döschen Safran (à 0,1 g)
Für den Felchen: 4 Felchenfilets (à 100 g; mit Haut), Salz, Pfeffer aus
der Mühle, 2 EL Butterschmalz

1 Den Reis in einem Sieb gründlich mit kaltem Wasser abspülen. In einem Topf mit 400 ml Salzwasser zugedeckt bei schwacher Hitze etwa 20 Minuten garen.

2 Inzwischen die Champignons putzen und, falls nötig, mit Küchenpapier trocken abreiben und in Scheiben schneiden. Die Frühlingszwiebeln putzen, waschen und in Ringe schneiden. Die Paprikaschote halbieren, entkernen, waschen und mit einem Sparschäler schälen. Die Paprikahälften in kurze Streifen schneiden. Den Fenchel putzen, waschen und halbieren, den harten Strunk entfernen. Den Fenchel in Würfel schneiden. Den Ingwer schälen und in feine Würfel schneiden. Die Ananas schälen und den harten Strunk entfernen. Das Fruchtfleisch in Stücke schneiden.

3 Das Olivenöl in einer großen Pfanne erhitzen. Pilze, Frühlingszwiebeln, Paprika, Fenchel, Ingwer und Ananas darin andünsten. Mit Salz und etwas Zitronensaft würzen. Die Brühe angießen. Die Safranfäden in etwas heißem Wasser auflösen und ebenfalls dazugeben. Alles 6 bis 7 Minuten köcheln lassen. Den Reis in ein Sieb abgießen, gut abtropfen lassen und untermischen.

4 Die Felchenfilets waschen, trocken tupfen und mit Salz und Pfeffer würzen. Das Butterschmalz in einer Pfanne erhitzen und die Filets darin auf der Hautseite bei mittlerer Hitze etwa 3 Minuten braten. Wenden und weitere 3 Minuten braten. Den Ananas-Safran-Reis abschmecken, auf Teller verteilen und die Fischfilets darauf anrichten.

Felchen in Pergament

Zutaten für 4 Personen

4 Felchen (à 400 g; küchenfertig), Salz, 2 Frühlingszwiebeln,
4 Knoblauchzehen, 2 unbehandelte Zitronen, etwas Olivenöl

1 Den Backofen auf 200 °C vorheizen. Die Felchen innen und außen waschen, trocken tupfen
und mit Salz einreiben. Die Frühlingszwiebeln putzen, waschen, längs halbieren und
in Streifen schneiden. Die Knoblauchzehen in der Schale andrücken. Die Zitronen heiß
waschen, trocken reiben und in Scheiben schneiden.

2 Die Fische mit Zitronenscheiben, Frühlingszwiebeln und je 1 Knoblauchzehe füllen. Die Felchen einzeln auf ein Stück Pergamentpapier legen, mit Olivenöl beträufeln und nach Belieben mit Zitronenscheiben belegen. Das Pergamentpapier über den Fischen zusammenfalten
und die Enden mit Küchengarn zubinden. Die Päckchen nebeneinander auf ein Backblech
setzen und im Ofen auf der mittleren Schiene etwa 30 Minuten garen. Dazu passt Weißbrot.
Rezeptfoto rechts

Eingelegte Felchen

Zutaten für 4 Personen

Für den Sud: 125 ml weißer Aceto balsamico, 125 ml Weißweinessig,
1 unbehandelte Zitrone, 4 rote Zwiebeln, 1 walnussgroßes Stück
Ingwer, 2 Knoblauchzehen (angedrückt), je 1 EL Salz und Zucker,
10 Lorbeerblätter, 20 Pfefferkörner, 10 Pimentkörner, 1 EL Senfkörner,
10 Wacholderbeeren, 1 getrocknete Chilischote (im Mörser zerstoßen)
Für die Felchen: 4 Felchen (à 400 g; küchenfertig), Salz, Mehl zum
Wenden, 3 EL Butterschmalz

1 Für den Sud die Essigsorten mit 1 l Wasser in einen Topf geben. Die Zitrone heiß waschen,
trocken reiben und in Scheiben schneiden. Die Zwiebeln schälen und in Ringe schneiden.
Den Ingwer schälen und in feine Würfel schneiden. Zitrone, Zwiebeln, Ingwer, Knoblauch
und Gewürze in den Topf geben, aufkochen und etwa 10 Minuten köcheln lassen. Den Sud
abkühlen lassen.

2 Für die Felchen die Fische innen und außen waschen, trocken tupfen, mit Salz würzen und
in Mehl wenden. Das Butterschmalz in einer Pfanne erhitzen und die Fische darin auf jeder
Seite 5 bis 6 Minuten braten. Herausnehmen und auf Küchenpapier abtropfen lassen. In
eine Auflaufform geben und mit dem Sud begießen. Drei Tage zugedeckt durchziehen lassen,
zwischendurch wenden. Dazu passt Kartoffelpüree (siehe S. 32).

Gefüllte Felchen vom Grill

Zutaten für 4 Personen

4 Felchen (à 400 g; küchenfertig), Meersalz, 4 EL Olivenöl,
1–2 Bund Petersilie, 2 unbehandelte Zitronen, 1 junge Knoblauchknolle

1   Den Grill vorheizen. Die Felchen innen und außen waschen und trocken tupfen. Die Bauch-
    höhlen mit etwas Meersalz einreiben und je 1 EL Olivenöl hineinträufeln.

2   Die Petersilie waschen und trocken schütteln. Die Zitronen heiß waschen, trocken reiben
    und in Spalten schneiden. Die Knoblauchknolle längs vierteln. Die Felchen mit Petersilie,
    Zironenspalten und je ¼ Knoblauchknolle füllen.

3   Die Felchen in Grillzangen klemmen, auf den heißen Grill legen und 15 bis 20 Minuten gril-
    len. Zwischendurch wenden. Dazu schmeckt Kopfsalat. *Rezeptfoto recht*s

Marinierte Felchen vom Grill

Zutaten für 4 Personen

Für die Felchen: 4 Felchen (à 400 g; küchenfertig), 3 Knoblauchzehen,
1 rote Zwiebel, 1 walnussgroßes Stück Ingwer, 1 Bund Petersilie,
3 Chilischoten, abgeriebene Schale und Saft von je 1 unbehandelten
Zitrone und Limette, 10 EL Olivenöl, 5 EL Sojasauce, 20 Pfefferkörner
(grob zerstoßen)
Für die Kräutervinaigrette: je 3 EL gehackter Thymian, Rosmarin und
Salbei, 3 EL gehackte Petersilie, 200 ml Fleischbrühe, 3 EL Olivenöl,
2 EL Weißweinessig, 1 EL Agavendicksaft, Saft von ½ Limette

1   Für die Felchen die Fische innen und außen waschen und trocken tupfen. Knoblauch, Zwie-
    bel und Ingwer schälen und in feine Würfel schneiden. Petersilie waschen und trocken
    schütteln, die Blätter abzupfen und fein hacken. Die Chilischoten längs halbieren, entkernen,
    waschen und in feine Würfel schneiden. Zitronen- und Limettenschale und -saft, Olivenöl,
    Sojasauce und Pfefferkörner verrühren, die vorbereiteten Zutaten untermischen. Die Felchen
    in die Marinade legen und zugedeckt an einem kühlen Ort 10 Stunden ziehen lassen.

2   Den Grill vorheizen. Für die Kräutervinaigrette alle Zutaten und nach Belieben 1 EL Senf
    verrühren. Die Felchen aus der Marinade nehmen und gut abtropfen lassen. In Grillzangen
    klemmen, auf den heißen Grill legen und 15 bis 20 Minuten grillen. Zwischendurch wenden.
    Die gegrillten Fische mit der Kräutervinaigrette und nach Belieben mit Fladenbrot servieren.

Forelle

Salmo trutta

Familie: Salmonidae (Lachsfische)
Größe: Meerforellen 40 bis 80 cm,
Bachforellen 20 bis 50 cm
Alter: 5 bis 10 Jahre
Lebensraum: weltweite Verbreitung
Verwendung in der Küche: Die Forelle mundet gebraten,
z.B. nach Müllerin Art, »blau« gekocht, gedünstet oder
geräuchert. Frisch kann man sie durchaus roh genießen.

Ich höre gerne klassische Musik und habe sogar vor ein paar Jahren angefangen, Klavier zu spielen. Weit werde ich es damit nie bringen, aber das ist egal, solange die Freude beim Klimpern stimmt. Eine Sache grämt mich aber doch: Ich werde wahrscheinlich nie gut genug sein, um den Klavierpart von Franz Schuberts berühmtem Lied »Die Forelle« spielen zu können. Das tut mir als musikliebendem Koch besonders weh – nicht nur, weil ich Schubert mag, sondern auch, weil ich die Forelle über alle Maßen schätze. Für mich ist sie die stille Königin unter den Fischen, kein Tier, das sich in den Vordergrund drängt, sondern ein feines, dezentes, vornehmes Wesen, das auf dem Teller einen Geschmack von fast zerbrechlicher Zartheit offenbart. Man muss natürlich die richtigen Forellen nehmen und nicht die Tiefkühlware im Doppelpack, diese verschrumpelten Trauertiere, diese Gummiadler unter Wasser, die gruselig aussehen und nach nichts schmecken. Da kann man sich gleich ein Stück vom Autoreifen abschneiden und in die Pfanne hauen.

Der Duft nach Bach und Wald und frischer Luft

Nein, es müssen unbedingt fangfrische Fische sein, am besten aus dem Schwarzwald. Dort, in der Nähe von Freiburg, habe ich vor vielen Jahren die beste Forelle meines Lebens gegessen. Sie hat so unfassbar gut geschmeckt, nach Bach und Wald und frischer Luft, nach Rauschen und Wind und Moos, es war himmlisch, und ich trällerte vor lauter Glück Franz Schubert vor mich hin. Für mich gibt es keinen anderen Fisch, der so intensiv die ganze Schönheit einer Landschaft in sich aufnimmt und großherzig an uns weitergibt. Das kann nur die Forelle, dieser urdeutsche Fisch, der die romantische Liebe von uns Deutschen zum Wald idealtypisch verkörpert. Deswegen widme ich meiner stillen Königin auch gleich fünf Rezepte, denn Majestät hat es sich redlich verdient.

Der Name Forelle stammt ursprünglich aus dem Mittelhochdeutschen und bedeutet »gesprenkelt« – eine einleuchtende Wortwahl für die Fische mit den charakteristischen Punkten auf dem Körper.

Die hohe Kunst des Angelns: Fliegenfischen erfordert Geschick und Geduld, Langmut und Gleichmut, eine ruhige Hand und einen ausgeglichenen Charakter. Es ist fast schon kein Sport mehr, sondern eine naturphilosophische Betrachtung.

Das Fischen mit Fliegenködern funktioniert nur deswegen, weil sich Bachforellen von Wasserinsekten ernähren. Sie lauern ihnen auf und schnappen bei günstiger Gelegenheit zu. Welcher Köder dabei der beste ist, ist eine Wissenschaft für sich.

Ein Fisch erobert die Welt

Sosehr die Forelle für mich der Archetypus des deutschen Fisches ist, so sehr hat sie sich längst über den gesamten Globus ausgebreitet. Ursprünglich war sie im Atlantik, in der Nord- und Ostsee und in fast allen Flüssen Europas beheimatet. Dann führte man sie auch im südlichen Amerika, in Asien, Afrika und Australien ein. Und überall fühlt sich der anpassungsfähige Fisch, den es als Bewohner von Salzwasser und Süßwasser gibt, ausgesprochen wohl. Als Süßwasserfisch bevorzugt er kalte Bäche mit sehr sauberem Wasser. Viele Forellen in einem Bach sind also ein untrügliches Zeichen für eine gute Wasserqualität, was wiederum den Geschmack des Fisches beflügelt. Und wenn man einmal in seinem Leben im Hochschwarzwald am Wildbach Wolf eine wilde Forelle geangelt hat, weiß man, wie der Himmel auf Erden schmeckt: nach einem Aroma, das gleichzeitig fein und würzig, dezent und kräftig, zurückhaltend und charaktervoll ist. Es ist so grandios, dass man Forellen ohne Weiteres auch roh als Sashimi essen kann. Ich mache sie aber auch gerne ganz klassisch nach der Art der »Müllerin«, gebe aber noch Pinienkerne und frittierte Petersilie dazu, weil es keinen Grund gibt, vor der Tradition in Ehrfurcht zu erstarren.

Klassiker für die Ewigkeit

Denn selbst Klassikern schadet ein kleiner Dreh, eine Prise Esprit manchmal nicht – außer natürlich dem Forellenklassiker des genialen Franz Schubert, der auch nach über 200 Jahren noch so frisch und lebendig, so lebhaft und vergnügt klingt, als habe der Angler die Forelle in dieser Sekunde erst aus dem Bächlein geholt. Bei Schubert geht das Lied so: »In einem Bächlein helle/Da schoss in froher Eil/Die launische Forelle/Vorüber wie ein Pfeil./Ich stand an dem Gestade/Und sah in süßer Ruh/Des muntern Fischleins Bade/Im klaren Bächlein zu.« Am Ende aber fällt die Forelle auf den Köder herein und landet auf dem Teller, um dem Menschen einen letzten guten Dienst zu erweisen.

Klappernde Mühlen an rauschenden Bächen: Im Hochschwarzwald wird aus dem Klischee schönste Wirklichkeit. Und dafür, dass auch Sportangler in diesem Idyll ihren Spaß haben, sorgt unter anderem Wolfgang Welle, Mitglied im Anglerverein Oberwolfbach. Der Verein züchtet Wildforellen aus befruchteten Eiern und setzt sie als ganz junge Tiere im Wildbach Wolf aus. Dann sind die Fliegenfischer an der Reihe.

Geräucherte Schwarzwaldforelle
mit Apfel-Brot-Salat

Zutaten für 4 Personen

2 Frühlingszwiebeln, 1 säuerlicher Apfel (z.B. Elstar), 1 rote Chilischote, 2 Stiele Dill, 4 Scheiben Baguette, 1 EL frisch geriebener
Meerrettich, Salz, Pfeffer aus der Mühle, 1 EL Zitronensaft, 2 EL Rapsöl,
4 geräucherte (Schwarzwald-)Forellenfilets (à 80 g; ohne Haut)

1 Die Frühlingszwiebeln putzen, waschen und in sehr feine Ringe schneiden. Den Apfel vierteln, schälen und das Kerngehäuse entfernen. Die Apfelviertel in feine Würfel schneiden. Die
Chilischote längs halbieren, entkernen, waschen und in kleine Würfel schneiden. Den Dill
waschen, trocken schütteln, die Spitzen abzupfen und fein hacken.

2 Die Baguettescheiben in einer Pfanne ohne Fett auf beiden Seiten anrösten. Herausnehmen
und in kleine Stücke schneiden. Frühlingszwiebeln, Apfelwürfel, Chili, Dill, Brot und Meerrettich vermischen. Mit Salz und Pfeffer würzen.

3 Den Zitronensaft mit dem Öl verrühren. Die Forellenfilets mit zwei Gabeln in kleine Stücke
zupfen und auf vier Teller verteilen. Den Apfel-Brot-Salat darübergeben und mit dem Dressing beträufeln. Als Vorspeise servieren.

Mein Tipp

»Natürlich ist Weißwein immer ein guter Begleiter, wenn es um Fisch geht,
und die Auswahl passender Sorten ist groß. Aber wenn man schon in den
Genuss einer echten Schwarzwaldforelle kommt, dann sollte es auch stilecht
ein Weißwein aus der Region sein, z.B. ein Chardonnay vom Winzer Johner
aus Vogtsburg im Kaiserstuhl.«

Forellensuppe
mit Tatar und frischem Bauernbrot

Zutaten für 4 Personen

Für die Forellensuppe: 3 Forellenfilets (à 100 g; ohne Haut),
1 Zwiebel, 1 EL Olivenöl, 1 l Gemüsebrühe (oder Fischfond, siehe
S. 210), 250 g Sahne, 2 EL Noilly Prat (franz. Wermut), Salz, Olivenöl
zum Beträufeln
Für das Forellentatar: 1 sehr frisches Forellenfilet (à 100 g; ohne
Haut), 1 EL Olivenöl, Salz

1 Für die Forellensuppe die Forellenfilets waschen, trocken tupfen und in kleine Würfel schneiden. Die Zwiebel schälen und in feine Würfel schneiden. Das Olivenöl in einem Topf erhitzen und die Zwiebelwürfel darin andünsten. Mit Brühe oder Fond ablöschen, die Sahne dazugießen und aufkochen. Die Hitze reduzieren, die Fischfiletwürfel dazugeben und etwa 5 Minuten köcheln lassen.

2 Für das Tatar das Forellenfilet waschen, trocken tupfen und in sehr feine Würfel schneiden. In eine Schüssel geben und mit dem Olivenöl und etwas Salz mischen.

3 Die Suppe mit dem Stabmixer fein pürieren. Mit dem Noilly Prat und Salz abschmecken. Die Forellensuppe in tiefe Teller verteilen und mit etwas Olivenöl beträufeln. Das Forellentatar in ein kleines Schälchen geben und dazu reichen. Dazu passt Bauernbrot.

Forelle
in Öl gegart

Zutaten für 4 Personen

4 Forellenfilets (à 100 g; ohne Haut), 1 l Olivenöl,
4 Scheiben Bauernbrot, Meersalz

1 Die Forellenfilets waschen und gut trocken tupfen. Das Olivenöl in einer tiefen Pfanne bei schwacher Hitze leicht erwärmen.

2 Die Fischfilets nebeneinander in das Öl legen und 10 bis 15 Minuten darin garen (confieren). Mit dem Schaumlöffel herausheben und auf Küchenpapier abtropfen lassen. Dann auf die Brotscheiben verteilen, mit etwas Meersalz bestreuen und servieren. *Rezeptfoto rechts*

Lachsforelle
aus dem Ofen

Zutaten für 4 Personen

1 Lachsforelle (800–1000 g; küchenfertig), Salz, Pfeffer aus der Mühle,
8 Schalotten, 1 Bund Petersilie, 1 l Fleischbrühe (oder Fischfond),
200 ml Olivenöl, 100 ml Noilly Prat (franz. Wermut),
200 ml Weißwein (z.B. Riesling)

1 Den Backofen auf 180 °C vorheizen. Die Lachsforelle innen und außen waschen und trocken tupfen. Mit Salz und Pfeffer würzen. Die Schalotten schälen und in feine Würfel schneiden. Die Petersilie waschen und trocken schütteln, die Blätter abzupfen und hacken.

2 Brühe, Olivenöl, Noilly Prat, Wein und Petersilie in ein tiefes Backblech geben. Die Forelle hineinlegen und im Ofen auf der mittleren Schiene etwa 40 Minuten garen. Zwischendurch zweimal wenden. Die Lachsforelle häuten, filetieren und auf Teller verteilen. Den Sud dazu reichen. Dazu passen Baguette und Weißwein.

Gefüllte Forelle
mit Fenchel-Kartoffel-Salat

Zutaten für 4 Personen

Für den Fenchel-Kartoffel-Salat: 800 g festkochende Kartoffeln,
Meersalz, 1 TL ganzer Kümmel, Pfeffer aus der Mühle,
¼ l Fleischbrühe, 4 EL Weißweinessig, 1 große Fenchelknolle,
½ Salatgurke, 2 Schalotten, 1 EL Olivenöl
Für die Forellen: 4 Forellen (à 400–500 g; küchenfertig), 2 Tomaten,
4 Scheiben Frühstücksspeck, 4 Stiele Dill, 2 unbehandelte Zitronen,
3 EL Butterschmalz, Salz

1 Für den Fenchel-Kartoffel-Salat die Kartoffeln waschen und mit der Schale in Salzwasser mit dem Kümmel etwa 20 Minuten weich garen. Abgießen, ausdampfen lassen, pellen und in Scheiben schneiden. Mit Salz und Pfeffer würzen. Die Brühe erhitzen, den Essig hinzufügen und die Mischung über die lauwarmen Kartoffeln gießen.

2 Den Fenchel putzen, waschen, längs halbieren und den harten Strunk entfernen. Die Fenchelhälften in feine Scheiben schneiden oder hobeln und in Salzwasser etwa 3 Minuten garen. In ein Sieb abgießen und abtropfen lassen.

3 Die Salatgurke nach Belieben waschen oder schälen, längs vierteln und in kleine Stücke schneiden. Die Schalotten schälen und in feine Würfel schneiden. Fenchel, Gurke und Schalotten unter die Kartoffeln mischen. Das Olivenöl unterrühren und den Salat etwa 30 Minuten durchziehen lassen.

4 Für die Forellen die Fische innen und außen waschen und trocken tupfen. Die Tomaten kreuzweise einritzen, überbrühen, kalt abschrecken, häuten, vierteln und entkernen. Die Stielansätze entfernen. Die Tomatenviertel in dünne Spalten schneiden. Den Frühstücksspeck in einer Pfanne ohne Fett knusprig braten. Den Dill waschen, trocken schütteln und die Spitzen abzupfen. Die Zitronen heiß waschen, trocken reiben, längs halbieren und in Scheiben schneiden.

5 Die Tomaten, den Speck und den Dill in die Bauchhöhlen der Forellen geben. Die Fische mit Küchengarn zubinden und mit Salz würzen. Das Butterschmalz in zwei großen Pfannen erhitzen, die Forellen mit den Zitronenscheiben darin unter Wenden bei mittlerer Hitze auf jeder Seite 6 bis 7 Minuten braten.

6 Die Fische herausnehmen, auf Teller legen und den Fenchel-Kartoffel-Salat dazu servieren.

Forelle Müllerin Art
mit Pinienkernen und knuspriger Petersilie

Zutaten für 4 Personen

4 Forellen (à 400–500 g; küchenfertig), Salz, 120 g Pinienkerne,
Mehl zum Wenden, 2 Bund Petersilie, 3 EL Butterschmalz,
Pflanzenöl zum Frittieren

1 Die Forellen innen und außen waschen, trocken tupfen und mit Salz würzen. Die Pinienkerne fein hacken. Das Mehl auf einen großen Teller geben. Die Petersilie waschen und trocken schütteln, grobe Stiele entfernen.

2 Die Fische erst im Mehl, dann in den Pinienkernen wenden und diese leicht andrücken. Das Butterschmalz in zwei großen Pfannen erhitzen und die Forellen darin bei mittlerer Hitze auf jeder Seite 6 bis 7 Minuten braten.

3 Inzwischen das Öl in einem großen Topf erhitzen. Es ist heiß genug, wenn sich an einem hineingehaltenen Holzlöffelstiel Blasen bilden. Die Petersilie hineingeben und 40 Sekunden frittieren. Mit einem Schaumlöffel herausheben und auf Küchenpapier abtropfen lassen. Die Forellen mit der frittierten Petersilie auf Tellern anrichten. Dazu passen Salzkartoffeln.
Rezeptfoto rechts

Gegrillte Forellenpäckchen
mit Erdbeeren und Minze

Zutaten für 4 Personen

4 Forellenfilets (à 100–150 g; ohne Haut), Salz, Pfeffer aus der Mühle,
5 Erdbeeren, 10 Cocktailtomaten, 1 Frühlingszwiebel, 1 Chilischote,
2–3 EL Olivenöl, 1 TL gehackte Minze

1 Den Grill vorheizen. Die Forellenfilets waschen, trocken tupfen und mit Salz und Pfeffer würzen. Die Erdbeeren waschen, putzen und in Scheiben schneiden. Die Cocktailtomaten waschen und halbieren oder vierteln. Die Frühlingszwiebel putzen, waschen und in feine Ringe schneiden. Die Chilischote längs halbieren, entkernen, waschen und fein hacken.

2 Vier große Stücke Alufolie nebeneinander auf die Arbeitsfläche legen und mit dem Olivenöl bestreichen. Je 1 Forellenfilet darauflegen. Erdbeeren, Tomaten, Frühlingszwiebel und Chilischote darauf verteilen. Mit der Minze bestreuen. Die Alufolie über den Filets zusammenfalten und fest verschließen. Die Forellenpäckchen auf den Grill legen und etwa 10 Minuten grillen, dabei nicht wenden.

Hecht

Esox lucius

Familie: Esocidae
Größe: 50 bis 100 cm
Alter: bis zu 30 Jahre
Lebensraum: Flüsse, Seen und große Teiche in ganz Europa
Verwendung in der Küche: Da der Hecht sehr grätenreich ist, wird er gern zu Klößen verarbeitet, dann stören diese nicht mehr. Wer in puncto Gräten eher unempfindlich ist, kann ihn aber auch gebraten oder gedünstet genießen.

Liebe auf den ersten Blick gibt es beim Hecht nicht. Dazu ist dieser Raubfisch zu widerspenstig, abweisend und eigenwillig. Allein sein hochkompliziertes Grätengerüst schreckt viele Menschen ab. Er hat Gräten in Y-Form, die so schwierig herauszuschneiden sind, dass kaum jemand diese Technik beherrscht. Wenn man aber erst einmal den Hecht richtig kennengelernt hat, ist es eine Freundschaft fürs Leben. Auch ich habe viele Jahre gebraucht, um mich an diesen rauen Burschen zu gewöhnen. Sein Fleisch ist ganz anders als bei allen anderen Süßwasserfischen. Der Hecht hat einen kräftigen, breitschultrigen Geschmack, der im ersten Moment abschreckend wirkt. Er ist als Raubfisch extrem muskulös und fettarm, deswegen neigt er dazu, schnell trocken zu werden. Aber er lässt sich mit ein paar Tricks gut zähmen. Wenn man ihn zum Beispiel ganz klassisch zu Hechtklößen verarbeitet, muss man unbedingt viel Sahne verwenden. Dann wird das Fleisch geschmeidig, und der ungehobelte Räuber verwandelt sich wie durch ein Wunder in einen eleganten Edelmann.

Ein Rabauke im Süßwasser

Im Tierreich allerdings kann von Edelmann keine Rede sein. Dort ist der Hecht wegen seiner Aggressivität gefürchtet. Sie ist derart groß, dass man die Fische auch nur sehr schwer züchten kann. Der Hecht frisst so ziemlich alles, was ihm vors Maul kommt, Frösche, Vögel, kleine Säugetiere, Fische aller Art, selbst seine Artgenossen sind nicht vor ihm sicher. Während der Paarungszeit sind die Hechte am angriffslustigsten. Dann kämpfen die Männchen wie die Derwische um die Weibchen und verletzen sich gegenseitig oft schwer. Und damit sich die Tiere irgendwann auch fortpflanzen, anstatt sich gegenseitig zu verschlingen, stattet die Natur ihre Rabauken in dieser Zeit mit einer Fresshemmung aus. Sonst gäbe es längst keine Hechte mehr. Und das wäre für jeden Feinschmecker ein Jammer.

In der Küche zeigt er sich eher widerspenstig, und auch im Sprichwort mischt der Hecht, der für seine Aggressivität berüchtigt ist, den Karpfenteich kräftig auf. In der Fischzucht von Gunnar Reese am Seelenter See sieht man das aber gelassen.

Hechtklößchen
mit Dill-Sahne-Sauce

Zutaten für 4 Personen

Für die Hechtklößchen: 400 g Hechtfilet (eisgekühlt), Salz,
300 g Sahne (eisgekühlt), 100 g Crème fraîche (eisgekühlt),
4 Eiweiß, Zitronensaft, Piment d´Espelette
Für die Dill-Sahne-Sauce: ½ l Sahne, 1 Bund Dill, 2 EL Butter,
Zitronensaft

1 Für die Hechtklößchen das Hechtfilet waschen, trocken tupfen, in Stücke schneiden und einige Minuten in das Tiefkühlfach stellen. Dann in den Blitzhacker geben, kräftig mit Salz würzen und fein pürieren. Die Sahne dazugeben und untermixen, bis sich die Masse vollständig verbunden hat. Die Crème fraîche und die Eiweiße dazugeben und ebenfalls untermixen. Die Hechtmousse mit Zitronensaft, Piment d´Espelette und, falls nötig, nochmals mit etwas Salz würzen.

2 In einem großen Topf reichlich Salzwasser zum Kochen bringen. Aus der Hechtmousse mit zwei angefeuchteten Esslöffeln kleine Klößchen formen, in das Salzwasser geben und knapp unter dem Siedepunkt etwa 8 Minuten gar ziehen lassen.

3 Inzwischen für die Dill-Sahne-Sauce die Sahne in einem kleinen Topf aufkochen und auf die Hälfte einkochen lassen. Den Dill waschen und trocken schütteln, die Spitzen abzupfen und fein hacken. Mit der Butter zur Sahne geben und mit Zitronensaft abschmecken.

4 Die Hechtklößchen mit dem Schaumlöffel aus dem Wasser heben, auf Teller verteilen und mit der Dill-Sahne-Sauce servieren. Dazu schmeckt Reis.

Hechtsuppe
mit Tomatenragout

Zutaten für 4 Personen

Für die Gemüsebrühe: je 2 Möhren, Fenchelknollen und rote Paprikaschoten, 1 Zucchino, 1 Stange Lauch, 4 Stangen Staudensellerie,
100 g Champignons, 1 Bund Frühlingszwiebeln, 4 rote Zwiebeln,
1 junge Knoblauchknolle, 200 ml Noilly Prat (franz. Wermut),
2 EL Olivenöl, ½ Bund Thymian, 3 Zweige Rosmarin, 4 Lorbeerblätter,
1 EL Salz, 1 TL Safranfäden
Für die Gemüse- und Fischeinlage: 1 Zucchino, 1 Fenchelknolle,
½ Salatgurke, 1 rote Zwiebel, 600 g Hechtfilet, je 200 g Forellen- und
Lachsfilet, 200 g Garnelen (küchenfertig), Olivenöl
Für das Tomatenragout: 4 Tomaten, 1 Chilischote, 1 EL Olivenöl, Salz,
Pfeffer aus der Mühle, Zucker

1 Für die Brühe das Gemüse putzen und waschen bzw. schälen und in grobe Stücke oder
   Scheiben schneiden. 1 Zwiebel halbieren. Die Zwiebelhälften mit der Schnittfläche nach
   unten in einer Pfanne ohne Fett rösten, bis sie dunkel sind. Die Knoblauchknolle halbieren.
   Alles in einen Topf mit 2 ½ l Wasser geben. Noilly Prat, Olivenöl, gewaschene Kräuter, Lorbeerblätter und Salz dazugeben. Aufkochen und 1 bis 1 ½ Stunden köcheln lassen.

2 Für die Gemüseeinlage den Zucchino putzen, waschen und in Stifte schneiden. Den Fenchel
   putzen, halbieren, den Strunk entfernen und die Hälften in feine Scheiben schneiden oder
   hobeln. Die Gurke waschen und längs halbieren. Die Kerne mit einem Teelöffel entfernen
   und die Hälften in Würfel schneiden. Die Zwiebel schälen und in Scheiben schneiden.

3 Für das Tomatenragout die Tomaten waschen, vierteln und entkernen, dabei die Stielansätze
   entfernen. Das Fruchtfleisch in kleine Würfel schneiden. Die Chilischote längs halbieren,
   entkernen, waschen und in feine Würfel schneiden. Unter die Tomaten mischen und mit Olivenöl, Salz, Pfeffer und 1 Prise Zucker abschmecken.

4 Die Gemüsebrühe durch ein feines Sieb gießen, wieder aufkochen und auf etwa 1 ½ Liter
   einkochen. Die Safranfäden in etwas heißer Brühe auflösen und zur Brühe geben. Falls nötig,
   mit Salz nachwürzen. Das Gemüse dazugeben und in der köchelnden Brühe etwa 10 Minuten
   garen. Die Fischfilets und Garnelen hinzugeben und 5 bis 6 Minuten ziehen lassen.

5 Die Suppe in tiefe Teller verteilen. Mit 1 EL Tomatenragout verfeinern und nach Belieben mit
   etwas Olivenöl beträufeln. Dazu passen ein Kräuterbutterbaguette (siehe S. 72) und ein Glas
   kühler Roséwein.

Gebratenes Hechtfilet
mit Krabben-Melonen-Salat

Zutaten für 4 Personen

Für den Krabben-Melonen-Salat: 1 kleine Honig- oder Netzmelone,
200 g Nordseekrabben, 2 EL Olivenöl, Cayennepfeffer
Für den Fisch: 4 Hechtfilets (à 120 g; mit Haut), Salz, Pfeffer,
2 EL Butterschmalz, 1 EL Olivenöl

1 Für den Salat die Melone halbieren und die Kerne mit einem Esslöffel entfernen. Das Fruchtfleisch mit einem Kugelausstecher auslösen oder die Melone in Spalten schneiden, schälen
und das Fruchtfleisch in Würfel schneiden. Die Krabben abbrausen und gut abtropfen lassen.
Melone und Krabben mit dem Olivenöl mischen und mit wenig Cayennepfeffer würzen.

2 Für den Fisch die Hechtfilets waschen, trocken tupfen und die Haut mehrmals einritzen.
Mit Salz und Pfeffer würzen. Butterschmalz und Öl in einer Pfanne erhitzen, die Filets darin
mit der Hautseite nach unten 3 Minuten braten. Wenden und weitere 2 Minuten braten. Die
Hechtfilets mit dem Krabben-Melonen-Salat auf Tellern anrichten. Dazu passt Baguette.

Beilagenvariation: Gefüllter Kohlrabi mit Krabben

Zutaten für 4 Personen

4 mittelgroße Kohlrabi mit Grün, 3 festkochende Kartoffeln (geschält),
5 große Champignons, 1 Zwiebel, 1 Bund Petersilie, 2 EL Olivenöl,
250 g Sahne, 20 Pimentkörner (im Mörser zerstoßen), frisch geriebene
Muskatnuss, Salz, 1 l Gemüsebrühe, 200 g Nordseekrabben (vorgegart)

1 Den Backofen auf 180 °C vorheizen. Das Grün von den Kohlrabi abschneiden, die Blättchen
waschen, trocken schütteln und fein hacken. Von den Kohlrabi je einen Deckel abschneiden
und die Kohlrabi aushöhlen. Die Hälfte des Inneren mit den Kartoffeln in kleine Würfel
schneiden, den Rest anderweitig verwenden. Die Champignons putzen und in dünne Scheiben schneiden. Die Zwiebel schälen und in feine Würfel schneiden. Die Petersilie waschen
und trocken schütteln, die Blätter abzupfen und hacken.

2 Das Öl in einer Pfanne erhitzen. Kohlrabi- und Kartoffelwürfel, Pilze und Zwiebel darin
andünsten. Die Petersilie dazugeben, mit Sahne ablöschen und mit Piment, Muskatnuss und
Salz kräftig würzen. Die Kohlrabi in eine Auflaufform stellen, mit der Masse füllen und so
viel Brühe dazugießen, dass die Kohlrabi bis zur Hälfte in der Brühe stehen. Im Ofen auf der
mittleren Schiene etwa 45 Minuten garen.

3 Die Hechtfilets wie oben beschrieben zubereiten. Die Kohlrabi auf Teller setzen, etwas Sud
dazugießen und die Krabben dazugeben. Das gebratene Hechtfilet anlegen. Nach Belieben
noch mit etwas Zitronensaft und Olivenöl beträufeln.

Pochiertes Hechtkotelett
mit Kartoffelstampf

Zutaten für 4 Personen

Für den Kartoffelstampf: 1 kg mehligkochende Kartoffeln, 1 l Gemüsebrühe, 80 g weiche Butter, Meersalz, frisch geriebene Muskatnuss
Für den Hecht: 4 dicke Hechtkoteletts (à 300 g; mit Haut),
¼ l Weißwein, 1 Lorbeerblatt, 10 Pfefferkörner, Meersalz, 200 g Butter

1 Für den Kartoffelstampf die Kartoffeln waschen, schälen, halbieren und in der Brühe etwa 15 Minuten garen. Für den Hecht die Hechtkoteletts waschen und trocken tupfen. Den Wein mit ¼ l Wasser, Lorbeerblatt, Pfefferkörnern und etwas Meersalz in einem Topf aufkochen. Die Koteletts hineingeben und bei schwacher Hitze etwa 15 Minuten gar ziehen lassen.

2 Die Butter in einem Topf bei mittlerer Hitze zerlassen. Dann leicht köcheln lassen, bis sie hellbraun ist. Durch einen Kaffeefilter gießen und erneut erwärmen.

3 Die Kartoffeln abgießen, dabei die Brühe auffangen. Die Kartoffeln mit etwa 400 ml Brühe mit einem Kartoffelstampfer grob zerstampfen und die weiche Butter unterrühren. Den Stampf mit Meersalz und Muskatnuss abschmecken. Die Koteletts mit dem Schaumlöffel herausheben und die Filets vorsichtig von Haut und Gräten lösen. Mit dem Kartoffelstampf und der gebräunten Butter servieren. Nach Belieben mit Dill garnieren. *Rezeptfoto rechts*

Gedünstetes Hechtfilet
mit Kartoffelragout

Zutaten für 4 Personen

3 große festkochende Kartoffeln, 1 Bund Frühlingszwiebeln,
4 EL Olivenöl, ¼ l Fleischbrühe, 250 g Sahne, frisch geriebene
Muskatnuss, Salz, 4 Hechtfilets (à 150–200 g; mit Haut), 2 EL Butter

1 Die Kartoffeln gründlich waschen und mit der Schale in dünne Scheiben schneiden. Die Frühlingszwiebeln putzen, waschen und in feine Ringe schneiden. Kartoffeln und Frühlings-zwiebeln in 2 EL Olivenöl andünsten. Mit Brühe und Sahne ablöschen, mit Muskatnuss und Salz würzen und bei mittlerer Hitze 10 bis 12 Minuten köcheln lassen.

2 Die Hechtfilets waschen, trocken tupfen und mit Salz würzen. In eine Pfanne 1 EL Olivenöl und so viel Wasser geben, dass der Boden fingerbreit bedeckt ist. Einmal aufkochen lassen, die Fischfilets hineinlegen und zugedeckt bei schwacher Hitze 4 bis 5 Minuten dünsten.

3 Die Butter unter das Kartoffelragout rühren. Das Ragout mit den gedünsteten Fischfilets auf Tellern anrichten. Mit dem restlichen Olivenöl beträufeln.

Hering

Clupeidae (Echte Knochenfische)

Familie: Teleostei
Größe: 3 bis 25 cm, einige Arten bis 75 cm
Alter: 12 bis 25 Jahre
Lebensraum: gemäßigte Zonen aller Weltmeere
Verwendung in der Küche: Der Hering überzeugt gebraten und eingelegt als Brathering, geräuchert als Bückling, gesalzen als Matjes (siehe S. 114) und fein gesäuert als Bismarckhering oder Rollmops.

Der Hering begleitet jeden Norddeutschen sein Leben lang. Hering gibt es zur Taufe, Hering isst man zur Hochzeit, Hering wird bei der Beerdigung serviert – dem Hering entkommt niemand. Seit ich denken kann, lebe ich mit diesem Fisch, der seit Jahrtausenden Millionen Menschen ernährt. Wir lebten nicht im Überfluss, mein Vater war Kellner, meine Mutter Kauffrau, und fünf Jungs satt zu bekommen war nicht immer einfach. Doch von einem gab es immer reichlich, an einem hatten wir nie Mangel: Hering. Mein Vater liebte Hering heiß und innig, gestorben wäre er für Hering. Wenn er von der Arbeit nach Hause kam, aß er oft einen halben Topf eingelegten Salzhering auf. Und auch ich habe mich nach fast sechs Jahrzehnten an Hering noch nicht satt gegessen. Für ein gutes Heringsbrötchen lasse ich alles liegen und stehen. Aber es muss wirklich gut sein. Ganz wichtig ist, dass man kein wabbeliges Aufbackbrötchen nimmt, wie man es an Billigbuden oft bekommt, sondern ein kräftiges Brötchen aus Roggen, in der es sich der Hering schön bequem machen kann.

Der Fisch der Menschheit

Es gibt wohl keinen anderen Meeresbewohner, der in der Geschichte eine so wichtige Rolle gespielt hat wie der Hering. Sogar Kriege hat man um den kleinen Fisch geführt, der im Mittelalter immer wieder die Menschen vor Hungersnöten bewahrt und ganzen Völkern Reichtum und Macht beschert hat. Die Dänen machten als Erste im großen Stil Jagd auf die riesigen Heringsschwärme, die man in allen Weltmeeren findet. Und als Bischof Otto von Bamberg um das Jahr 1000 die Methode des Haltbarmachens von Heringen durch Salz erfand, eröffneten sich den Menschen völlig neue Dimensionen. Jetzt hatten sie Proviant für monatelange Schiffsreisen und konnten letztlich neue Kontinente entdecken. Meinem Vater war das vermutlich egal, als er seine geliebten Salzheringe aß.

Für die Menschen war der Hering jahrtausendelang der bedeutendste Proteinlieferant aus dem Meer. Ihn zu räuchern (»Bückling«) ist nur eine von vielen Methoden der Haltbarmachung, die dadurch entstanden sind.

Heringsbrötchen
mit Rucola und Petersilie

Zutaten für 4 Personen

1 Bund Rucola, 1 Bund Petersilie, 1 rote Zwiebel, 4 große
Roggenbrötchen, Butter, Salz, Pfeffer aus der Mühle,
4 Bismarckheringe

1 Den Rucola verlesen, waschen und trocken schleudern, grobe Stiele entfernen. Große Blätter in mundgerechte Stücke zupfen. Die Petersilie waschen und trocken schütteln, die Blätter abzupfen. Die Zwiebel schälen und in feine Ringe schneiden.

2 Die Brötchen quer halbieren. Die Brötchenunterseite mit etwas Butter bestreichen und mit Salz und Pfeffer würzen. Den Rucola, die Petersilie, die abgetropften Bismarckheringe und die Zwiebelringe darauf verteilen. Die Brötchenoberseiten darauflegen und leicht andrücken.
Rezeptfoto rechts

Bismarckhering
mit Apfel-Gurken-Tatar

Zutaten für 4 Personen

400 ml Apfelsaft, 1 Apfel (z.B. Elstar), Saft von ½ Zitrone,
¼ Salatgurke, 2 Schalotten, 2 Gewürzgurken, 1 Bund Dill, Zucker,
Salz, Pfeffer aus der Mühle, 8 Bismarckheringsfilets

1 Den Apfelsaft aufkochen und auf die Hälfte einköcheln lassen. Abkühlen lassen. Den Apfel vierteln, schälen und das Kerngehäuse entfernen. Die Apfelviertel in kleine Würfel schneiden und mit etwas Zitronensaft beträufeln. Die Gurke und die Schalotten schälen und in kleine Würfel schneiden. Die Gewürzgurken ebenfalls in kleine Würfel schneiden. Den Dill waschen und trocken schütteln, die Spitzen abzupfen und fein hacken.

2 Den Apfelsaft wieder leicht erwärmen und alle vorbereiteten Zutaten dazugeben. Den Topf vom Herd nehmen, das Tatar mit Zucker, Salz, Pfeffer und Zitronensaft abschmecken und abkühlen lassen. Das kalte Apfel-Gurken-Tatar auf Teller verteilen und je 2 Bismarck-heringsfilets daneben anrichten.

Heringssalat
mit Roten Beten

Zutaten für 4 Personen

2 festkochende Kartoffeln, Salz, 8 Bismarckheringsfilets,
2 Rote Beten (vorgegart und vakuumiert), ½ Salatgurke,
1 Schalotte, ½ Bund Dill, 250 g Naturjoghurt, 2 EL Mayonnaise,
Saft von ½ Zitrone, Pfeffer aus der Mühle

1 Die Kartoffeln gründlich waschen und mit der Schale in Salzwasser etwa 20 Minuten weich garen. Abgießen und etwas ausdampfen lassen. Die Kartoffeln pellen und abkühlen lassen.

2 Die Bismarckheringe in kleine Würfel schneiden. Die Roten Beten ebenfalls in kleine Würfel schneiden (dabei am besten Einweghandschuhe tragen). Die Gurke waschen und der Länge nach halbieren. Die Kerne mit einem Teelöffel entfernen und die Gurkenhälften in kleine Würfel schneiden. Die Schalotte schälen und in feine Würfel schneiden. Die abgekühlten Kartoffeln ebenfalls in kleine Würfel schneiden. Alle vorbereiteten Salatzutaten in einer Schüssel mischen.

3 Den Dill waschen und trocken schütteln, die Spitzen abzupfen und fein hacken. Für das Dressing den Joghurt mit Mayonnaise, Zitronensaft und Dillspitzen verrühren und mit Salz und Pfeffer abschmecken. Gut mit den Salatzutaten vermischen. Den Heringssalat 3 bis 4 Stunden durchziehen lassen. Nochmals durchmischen und mit frischem Brot servieren.

Eingelegter Hering
mit Bratkartoffeln

Zutaten für 4 Personen

Für den Sud: 3 Zwiebeln, ¼ l Weißwein, 100 ml Weißweinessig,
10 Lorbeerblätter, 10 Pimentkörner, 20 schwarze Pfefferkörner,
einige Stiele Petersilie, 2 EL Meersalz
Für die Heringe: 12 frische Heringe (ohne Kopf; küchenfertig),
Mehl zum Wenden, Salz, 3 EL Butterschmalz
Für die Bratkartoffeln: 800 g festkochende Kartoffeln, Salz,
1 TL ganzer Kümmel, 4 EL Butterschmalz zum Braten,
Pfeffer aus der Mühle

1 Zwei Tage zuvor für den Sud die Zwiebeln schälen und in dünne Scheiben schneiden. Wein, Essig, Lorbeerblätter, Piment- und Pfefferkörner, Petersilie und Meersalz mit ½ l Wasser in einem Topf aufkochen. Bei schwacher Hitze etwa 15 Minuten ziehen lassen. Vom Herd nehmen und lauwarm abkühlen lassen.

2 Inzwischen die Heringe innen und außen waschen und trocken tupfen. Etwas Mehl in einen tiefen Teller geben. Die Heringe mit Salz würzen und im Mehl wenden. Das Butterschmalz in einer Pfanne erhitzen und die Heringe darin portionsweise bei mittlerer Hitze auf jeder Seite etwa 3 Minuten braten. Herausnehmen und auf Küchenpapier abtropfen lassen.

3 Die Heringe in eine große Auflaufform oder Schale legen, mit dem lauwarmen Sud übergießen und abkühlen lassen. Zugedeckt im Kühlschrank 2 Tage durchziehen lassen. Zwischendurch einmal wenden.

4 Am Vortag für die Bratkartoffeln die Kartoffeln waschen und mit der Schale in Salzwasser mit dem Kümmel etwa 20 Minuten weich garen. Abgießen und etwas ausdampfen lassen. Die Kartoffeln pellen und zugedeckt über Nacht vollständig auskühlen lassen.

5 Am nächsten Tag die Kartoffeln in Scheiben schneiden. Das Butterschmalz in einer Pfanne erhitzen und die Kartoffeln darin von beiden Seiten bei mittlerer Hitze goldbraun braten. Mit Salz und Pfeffer würzen und nach Belieben mit gehackter Petersilie bestreuen.

6 Die eingelegten Heringe mit einigen Gewürzen und Zwiebeln aus dem Sud auf Tellern anrichten und die Bratkartoffeln dazu servieren.

Brathering
in Rotweinsud

Zutaten für 4 Personen

Für die Bratheringe: 5 Schalotten, 6 EL Traubenkernöl, ½ l Rotwein (Spätburgunder oder Chianti), 200 ml Rotweinessig, 2 EL Estragon-essig, 4 Lorbeerblätter, 2 EL Zucker, 1 TL Salz, je 1 TL Pfefferkörner, Wacholderbeeren und Pimentkörner, 1 Bund frischer Estragon (oder 1 EL getrockneter Estragon), 6 frische doppelte Heringsfilets (mit Haut), Mehl zum Wenden, Salz, Pfeffer aus der Mühle
Für das Kräuterbutterbaguette: 2 Schalotten, 3 Knoblauchzehen, 3 EL Olivenöl, 3–4 EL gehackte Kräuter (z.B. Petersilie, Rosmarin, Thymian, Salbei), 250 g weiche Butter, Salz, 1 Baguette

1 Für die Bratheringe 2 bis 3 Tage zuvor die Schalotten schälen. In einer Pfanne 2 EL Trauben-kernöl erhitzen und die Schalotten darin andünsten. Den Wein, beide Essigsorten, 300 ml Wasser, die Gewürze und den Estragon dazugeben und alles bei schwacher Hitze 10 Minuten köcheln lassen. Abkühlen lassen.

2 Die Heringsfilets teilen, falls nötig, Gräten entfernen. Etwas Mehl in einen tiefen Teller geben. Die Filets mit Salz und Pfeffer würzen und im Mehl wenden. Das restliche Trauben-kernöl in einer Pfanne erhitzen und die Filets darin portionsweise bei mittlerer Hitze auf jeder Seite etwa 3 Minuten braten. Herausnehmen und auf Küchenpapier abtropfen lassen.

3 Die Heringsfilets in eine Auflaufform oder Schale legen und den Sud darübergießen. Zuge-deckt im Kühlschrank 2 bis 3 Tage ziehen lassen. Vor dem Servieren aus dem Kühlschrank nehmen, damit sie Zimmertemperatur annehmen.

4 Für das Kräuterbutterbaguette den Backofen auf 180 °C vorheizen. Die Schalotten und den Knoblauch schälen und in feine Würfel schneiden. Das Olivenöl in einer Pfanne erhitzen, Schalotten und Knoblauch darin andünsten. Beiseitestellen und abkühlen lassen. Mit den Kräutern und der weichen Butter mischen und mit Salz würzen.

5 Das Baguette im Ofen auf der mittleren Schiene etwa 5 Minuten knusprig backen, heraus-nehmen und in Scheiben schneiden. Mit der Kräuterbutter bestreichen. Mit dem Kräuter-butterbaguette anrichten.

Gebratene Heringe
mit Speckbohnen

Zutaten für 4 Personen

Für die Speckbohnen: 500 g grüne Bohnen, Salz, 1 Bund Bohnenkraut,
2 Schalotten, 3 Frühlingszwiebeln, 2 EL Butterschmalz, Zucker,
2 EL Olivenöl, Zitronensaft, Pfeffer aus der Mühle, 8 Scheiben
Frühstücksspeck
Für die Heringe: 8 frische Heringe (küchenfertig), Mehl zum Wenden,
Salz, Pfeffer aus der Mühle, 3 EL Butterschmalz

1 Für die Speckbohnen die Bohnen putzen, waschen und in Salzwasser etwa 12 Minuten bissfest garen. Das Bohnenkraut waschen und trocken schütteln, die Blätter abzupfen und fein
   hacken. Die Schalotten schälen und längs in dünne Scheiben schneiden. Die Frühlingszwiebeln putzen und waschen. Den grünen Teil in sehr feine Ringe, das Weiße in grobe Stücke
   schneiden.

2 Das Butterschmalz in einer Pfanne erhitzen. Die Schalotten und Frühlingszwiebeln darin
   etwa 2 Minuten andünsten. Mit etwas Salz und 1 Prise Zucker bestreuen. Die Bohnen in ein
   Sieb abgießen und abtropfen lassen. Die Bohnen, das Bohnenkraut und die Frühlingszwiebeln in eine Schüssel geben. Mit Olivenöl, Zitronensaft, Salz und Pfeffer würzen.

3 Den Frühstücksspeck in einer Pfanne ohne Fett knusprig braten. Herausnehmen und auf
   Küchenpapier abtropfen lassen. Dann in Stücke schneiden und auf den Bohnen verteilen.

4 Für die Heringe die Fische innen und außen waschen und trocken tupfen. Etwas Mehl in
   einen tiefen Teller geben. Die Heringe mit Salz und Pfeffer würzen und im Mehl wenden.
   Das Butterschmalz in einer Pfanne erhitzen und die Heringe darin portionsweise bei mittlerer Hitze auf jeder Seite etwa 3 Minuten braten.

5 Die gebratenen Heringe mit den Speckbohnen auf Tellern anrichten und nach Belieben neue
   Kartoffeln dazu servieren.

Kabeljau

Gadus morhua

Familie: Gadidae (Dorsche)
Größe: 30 bis 200 cm
Alter: bis zu 30 Jahre
Lebensraum: Nordatlantik, Nordpazifik, Nordsee und Ostsee
Verwendung in der Küche: Gebacken, gedünstet, gebraten, möglichst schonend zubereiten und nicht mit dominanten Zutaten kombinieren. Getrocknet und gesalzen als Stockfisch sehr lange haltbar.

Es geht ums nackte Überleben, um nicht mehr und nicht weniger. Die Frage lautet: Werden wir Menschen in unserer Gier und Unvernunft jenen Fisch ausrotten, der jahrhundertelang die halbe Menschheit ernährt hat? Werden wir also bald den Kabeljau auf dem Gewissen haben? Wenn wir so weitermachen, wird es in ein paar Jahren wahrscheinlich so weit sein.

Noch vor einer Generation war der Kabeljau eine der am weitesten verbreiteten Fischarten der Erde. Er kam millionenfach in allen Meeren der Nordhalbkugel vor, allen voran in den legendären Fanggründen vor Neufundland. Einst lagen dort die reichsten Fischbestände des Planeten, die seit dem Mittelalter gnadenlos geplündert wurden. 1992 brachen sie zusammen. Kanada erließ daraufhin ein totales Fangverbot – aber es war zu spät. Der Kabeljau hat sich bis heute nicht erholt, und es ist fraglich, ob er es jemals tun wird. Das ist schlimm genug. Doch wenn ich miterleben muss, wie zaghaft die Europäische Union ihre Fangquoten immer nur um ein paar Prozent reduziert, kocht in mir die Wut hoch. Denn es geht um das Überleben eines fantastischen Fisches.

Der Fluch der Fabrikschiffe

Das Verhängnis des Kabeljaus ist, dass er so gut als Massenfisch taugt. Er ist leicht zu erbeuten, lässt sich gut lagern und kann hervorragend weiterverarbeitet werden. Getrocknet und gepökelt hat er als Stockfisch seit dem Mittelalter den Matrosen aller Weltmeere das Überleben gesichert. Und in der frühen Neuzeit machte Kabeljau fast zwei Drittel des gesamten, in Europa gegessenen Fisches aus. Heute wird er in den Bäuchen riesiger Fabrikschiffe auf hoher See zu Fischstäbchen oder Fertigfilets verwurstet und erreicht als gesichtsloses Industriemassenprodukt das Land. Das ist für mich pervers – und einer der Gründe, warum ich dieses Kochbuch geschrieben habe.

Der Kabeljau war einmal einer der am weitesten verbreiteten Fische der Meere. Jetzt ist er in seinem Bestand bedroht. Fischer wie Reinhard Rahn aus Niendorf an der Ostsee sind daran gewiss nicht schuld.

Ein ausgewachsener atlantischer Kabeljau konnte früher gut und gerne zwei Meter lang und bis zu 100 Kilo schwer werden. Wegen der starken Überfischung sind solche Kolosse mittlerweile zur absoluten Ausnahme geworden. Davon kann auch Reinhard Rahn ein Lied singen, der sich schon über sehr viel kleinere Exemplare freut und seinen Fang brüderlich mit den Möwen teilt.

Meine Wandlung vom Saulus zum Paulus

Wir haben verlernt, unsere Fische zu respektieren und zu ehren. Wir müssen endlich wieder den Wert der Schätze erkennen, die uns die Meere schenken. Und dazu gehört es, Fisch bewusst und vernünftig zu genießen, ihn nicht als Industrieprodukt zu betrachten und unter keinen Umständen besinnungslos zu überfischen. Der Kabeljau wird dabei unsere Nagelprobe sein. Doch auch ich musste erst vom Saulus zum Paulus werden. Es geschah vor 20 Jahren in einem bekannten Restaurant in Bremen, dem Bistro Grashoff. Dort servierte man mir einen Kabeljau, der ganz vorsichtig bei 70 Grad gegart war und dezent nur von Kartoffeln, Spinat und einer Senfsauce begleitet wurde. Doch was heißt schon dezent! Es war wie eine Offenbarung für mich! Diese Zartheit, diese Eleganz, diese Finesse des Fleisches, leicht und locker war es und trotzdem von einer geradezu aristokratischen Vornehmheit. Da wurde mir schlagartig klar, dass wir den Kabeljau weit unter Wert verkaufen, dass er viel zu kostbar ist, um ein Schattendasein als Fertigfisch fristen zu müssen, dass er viel zu schade ist, um zu Tierfutter verarbeitet zu werden, und dass eine solche Delikatesse niemals in einem Panzer aus Panade eingesperrt werden darf.

Wie lange Reinhard Rahn noch mit seinem Kutter auf Kabeljau-fang gehen wird, weiß er selbst nicht. Denn zum dramatischen Problem der industriellen Überfischung kommt auch noch der Klimawandel. Durch die Erwärmung der Meere sinkt das Nahrungsangebot für den Kabeljau. Dadurch wachsen die Fische langsamer heran – und ihre Überlebenschancen sinken erheblich.

Die Helden des Meeres

Fischer wie Reinhard Rahn würden niemals auf den absurden Gedanken kommen, den Kabeljau als Industriefisch zu betrachten. Rahn holt ihn noch nach traditioneller Methode aus dem Meer, ganz anders als die Riesentrawler mit ihren Schleppnetzen, die den Ozean plündern wie eine Horde Hunnen. Sein Kutter hat eine wundervolle Aura, hier lebt noch alles, hier erzählt jedes Detail eine Geschichte – und allzu oft sind es traurige Geschichten vom harten Leben, von der rauen See, von Knochenarbeit bei Wind und Wetter, die lausig entlohnt wird. Noch nicht einmal einen Euro bekommen die Kabeljaufischer pro Kilo. Wir zahlen dann 20 Euro. Doch eigentlich müsste es das Doppelte sein, um die Fischer anständig zu entlohnen und die Bestände an Kabeljau zu retten.

Das Meer hat die Fischer gezeichnet. Sosehr sie es lieben, so sehr fürchten sie sich vor ihm und so oft verfluchen sie es, weil es ihnen das Leben zur Hölle macht. Und an Land erwartet auch sie kein Trost. Denn sie erfahren nicht die Anerkennung, die sie verdienen. Sie heben für uns die Schätze des Ozeans, nehmen den Kampf mit den Elementen auf. Sie sind unsere furchtlosen Helden. Daran sollten wir denken, wenn wir das nächste Mal einen Kabeljau essen.

Schwanzstück vom Kabeljau
auf Rucola mit Kartoffel-Knoblauch-Stampf

Zutaten für 4 Personen

Für den Kartoffel-Knoblauch-Stampf: 600 g mehligkochende Kartoffeln, 8 Knoblauchzehen, Salz, ¼ l Milch, 3–4 EL Olivenöl, Pfeffer aus der Mühle, frisch geriebene Muskatnuss

Für den Salat: 3 Bund Rucola (am besten wilder Rucola), Saft von je ½ Orange und Zitrone, 1 EL mittelscharfer Senf, Salz, Pfeffer aus der Mühle, 3 EL Olivenöl

Für den Kabeljau: 1 Schwanzstück vom Kabeljau (ca. 600 g), Salz, 2 EL Olivenöl

1 Für den Kartoffel-Knoblauch-Stampf die Kartoffeln schälen und waschen. Den Knoblauch schälen. Beides in Salzwasser etwa 20 Minuten weich garen.

2 Inzwischen für den Salat den Rucola verlesen, waschen und trocken schleudern, grobe Stiele entfernen. Den Rucola auf einer großen Platte verteilen. Für das Dressing den Orangensaft, den Zitronensaft, den Senf, Salz, Pfeffer und das Olivenöl verrühren. Das Dressing abschmecken und beiseitestellen.

3 Für den Kabeljau den Fisch waschen, trocken tupfen und mit Salz würzen. Das Öl in einer Pfanne erhitzen und den Fisch darin bei mittlerer Hitze auf jeder Seite 7 bis 8 Minuten braten.

4 Die Kartoffeln und den Knoblauch abgießen, ausdampfen lassen und mit dem Kartoffelstampfer grob zerdrücken. Die Milch erhitzen, mit dem Olivenöl zur Kartoffelmasse geben und unterrühren. Mit Salz, Pfeffer und Muskatnuss abschmecken.

5 Das Dressing über dem Rucola verteilen und den Fisch darauf anrichten. Den Kartoffel-Knoblauch-Stampf dazu reichen.

Kabeljaufilet aus dem Ofen
mit Vanille-Kokosmilch

Zutaten für 4 Personen

4 Kabeljaufilets (à 120–140 g; ohne Haut), Salz, 2 Möhren,
Sellerieknolle, 1 Bund Frühlingszwiebeln, 2 Knoblauchzehen,
1 Chilischote, 4 EL Olivenöl, 1 Vanilleschote, 400 ml Kokosmilch

1 Den Backofen auf 140 °C vorheizen. Die Kabeljaufilets waschen, trocken tupfen und mit Salz würzen. Möhren und Sellerie schälen und in feine Streifen schneiden. Die Frühlingszwiebeln putzen, waschen und in dünne Ringe schneiden. Den Knoblauch schälen und in feine Würfel schneiden. Die Chilischote längs halbieren, entkernen, waschen und in kleine Würfel schneiden.

2 In einer Pfanne 2 EL Olivenöl erhitzen, Gemüse, Knoblauch und Chili darin anbraten und leicht mit Salz würzen. In eine ofenfeste Form geben, die Fischfilets darauflegen.

3 Die Vanilleschote längs aufschneiden, das Mark herauskratzen und unter die Kokosmilch rühren. Die Kokosmilch über die Fisch-Gemüse-Mischung gießen. Die Vanilleschote dazugeben, alles mit dem restlichen Olivenöl beträufeln und im Ofen auf der mittleren Schiene 15 bis 20 Minuten garen. Die Vanilleschote entfernen. Fisch und Gemüse auf Teller verteilen und mit der Vanille-Kokosmilch und nach Belieben mit Zitronensaft beträufeln.

Gebratenes Kabeljaufilet
mit Spinatgemüse

Zutaten für 4 Personen

1 kg Blattspinat, 10 Champignons, 150 g Crème fraîche, 100 ml Noilly Prat (franz. Wermut), 2 EL Butter, Salz, frisch geriebene Muskatnuss, 3 EL Butterschmalz, Pfeffer aus der Mühle, Zitronensaft, 4 Kabeljaufilets (à 120–140 g; ohne Haut)

1 Den Spinat verlesen und waschen, grobe Stiele entfernen. Die Champignons putzen, falls nötig, mit Küchenpapier trocken abreiben und in Scheiben schneiden. Die Crème fraîche und den Noilly Prat in einer großen Pfanne erhitzen. Den Spinat dazugeben und bei schwacher Hitze zusammenfallen lassen. Die Butter unterrühren und mit Salz und Muskatnuss würzen.

2 In einer Pfanne 1 EL Butterschmalz erhitzen und die Pilze darin bei starker Hitze etwa 3 Minuten braten. Mit Salz, Pfeffer und Zitronensaft würzen. Unter den Spinat mischen.

3 Die Kabeljaufilets waschen, trocken tupfen und mit Salz würzen. Das restliche Butterschmalz in der Pfanne erhitzen und die Fischfilets darin bei mittlerer Hitze auf jeder Seite 4 Minuten braten. Die Filets mit dem Spinatgemüse auf Tellern anrichten.

Fruchtiges Kabeljau-Curry
mit Fenchel und Ananas

Zutaten für 4 Personen

200 g Basmatireis, Salz, 1 Fenchelknolle, 10 Champignons,
1 Zwiebel, 1 Frühlingszwiebel, ½ Ananas, 1 scharfe Chilischote,
3 Knoblauchzehen, 1 Dose Tomaten (240 g Abtropfgewicht),
4 Kabeljaufilets (à 120–140 g; ohne Haut), 3 EL Olivenöl,
1 EL Currypulver, 1 EL gemahlene Kurkuma, ½ l Gemüsebrühe
(oder Fleischbrühe), abgeriebene Schale und Saft von 1 unbehandelten Zitrone

1 Den Reis in einem Sieb gründlich mit kaltem Wasser abspülen. In einem Topf mit 400 ml Salzwasser zugedeckt bei schwacher Hitze etwa 20 Minuten garen.

2 Inzwischen den Fenchel putzen, waschen und halbieren, den harten Strunk entfernen. Die Fenchelhälften in Streifen schneiden. Die Champignons putzen, falls nötig, mit Küchen- papier trocken abreiben und in Scheiben schneiden. Die Zwiebel schälen, halbieren und in dünne Streifen schneiden. Die Frühlingszwiebel putzen, waschen und in Ringe schneiden.

3 Die Ananas längs halbieren und den harten Strunk entfernen. Die Ananasviertel schälen und das Fruchtfleisch in Würfel schneiden. Die Chilischote längs halbieren, entkernen und waschen. Den Knoblauch schälen. Chili und Knoblauch in sehr feine Würfel schneiden. Die Tomaten in ein Sieb abgießen und abtropfen lassen.

4 Die Kabeljaufilets waschen, trocken tupfen und mit Salz würzen. Das Öl in einer großen Pfanne erhitzen. Chilischote und Knoblauch darin andünsten. Mit Currypulver und Kurkuma bestäuben und die Gewürze kurz anrösten. Fenchel, Pilze, Zwiebel und Frühlingszwiebeln dazugeben und andünsten.

5 Tomaten, Ananaswürfel, Brühe, Zitronenschale und -saft in die Pfanne geben und alles gut vermischen. Den Reis abgießen, abtropfen lassen, untermischen und mit Salz würzen. Die Fischfilets auf die Reis-Gemüse-Mischung legen und zugedeckt bei schwacher Hitze 6 bis 7 Minuten garen. Das Kabeljau-Curry nochmals mit Salz und Zitronensaft abschmecken und auf Teller verteilen.

Pochiertes Kabeljaufilet
mit Frühlingszwiebelcreme und Ofentomaten

Zutaten für 4 Personen

Für die Frühlingszwiebelcreme: 2 Knoblauchzehen, 2 Schalotten,
1 EL Olivenöl, 1 Bund Frühlingszwiebeln, 500 g Naturjoghurt,
3 EL Mayonnaise, Salz, Cayennepfeffer, Zitronensaft
Für die Ofentomaten: 4 große Tomaten, Salz, Pfeffer aus der Mühle,
2 Knoblauchzehen, 2 Schalotten, 2 EL Olivenöl, 1 EL gehackter
Thymian,1 EL gehackter Rosmarin
Für den Kabeljau: 4 Kabeljaufilets (à 120–140 g; ohne Haut), Salz,
¼ l Weißwein, Pfeffer aus der Mühle, Olivenöl zum Beträufeln

1 Für die Frühlingszwiebelcreme den Knoblauch und die Schalotten schälen und in sehr feine
  Würfel schneiden. Das Olivenöl in einer Pfanne erhitzen, die Schalotten und den Knoblauch
  darin 1 Minute andünsten. Herausnehmen und abkühlen lassen. Die Frühlingszwiebeln
  putzen, waschen und in feine Ringe schneiden. Den Joghurt und die Mayonnaise in einer
  Schüssel mit Knoblauch, Schalotten und Frühlingszwiebeln verrühren. Mit Salz, Cayennepfeffer und Zitronensaft abschmecken.

2 Für die Ofentomaten die Tomaten waschen und quer halbieren, die Stielansätze entfernen.
  Die Tomatenhälften mit Salz und Pfeffer würzen und mit der Schnittfläche nach oben
  nebeneinander in eine flache Auflaufform setzen. Knoblauch und Schalotten schälen und in
  sehr feine Würfel schneiden. Das Olivenöl in einer Pfanne erhitzen, Knoblauch, Schalotten,
  Thymian und Rosmarin darin 1 Minute andünsten. Auf die Tomaten verteilen.

3 Für den Kabeljau die Fischfilets waschen, trocken tupfen und mit Salz würzen. Den Wein mit
  ¼ l Wasser in einer großen Pfanne erhitzen. Die Fischfilets hineinlegen – sie sollen knapp
  mit Flüssigkeit bedeckt sein – und im Sud zugedeckt bei mittlerer Hitze 4 bis 5 Minuten gar
  ziehen lassen.

4 Den Backofengrill einschalten und die Tomaten im Ofen auf der oberen Schiene etwa
  3 Minuten backen.

5 Die Kabeljaufilets aus der Pfanne heben, kurz abtropfen lassen und mit den Ofentomaten
  auf Teller verteilen. Den Fisch nochmals mit Salz und Pfeffer würzen und mit etwas Olivenöl
  beträufeln. Die Frühlingszwiebelcreme und nach Belieben Baguette dazu reichen.

Kabeljau im Kräutersud
mit Tomatensauce

Zutaten für 4 Personen

Für den Kabeljau: 4 Kabeljaukoteletts (à 300 g; mit Haut),
2 große Zwiebeln, 1 Bund Estragon, 1 Bund Dill, 1 Bund Petersilie,
10 Lorbeerblätter, 200 ml Weißwein, 2 EL Meersalz
Für die Tomatensauce: 2 große Dosen Tomaten (à 480 g Abtropfgewicht), 1 Zwiebel, 1 Knoblauchzehe, 2 EL Olivenöl, Salz, Pfeffer aus
der Mühle, Zucker

1   Für den Kabeljau die Fischkoteletts waschen und trocken tupfen. Die Zwiebeln schälen und
in Ringe schneiden. Die Kräuter waschen. Die Zwiebeln, die Kräuter, die Lorbeerblätter, den
Wein und das Meersalz mit 1 l Wasser in einen Topf geben und einmal aufkochen. Die Fischkoteletts hineinlegen und bei schwacher Hitze etwa 15 Minuten gar ziehen lassen.

2   Inzwischen für die Tomatensauce die Tomaten in einer Schüssel mit einem Kartoffelstampfer
zerdrücken. Die Zwiebel und den Knoblauch schälen und in feine Würfel schneiden. Das Olivenöl in einem Topf erhitzen. Die Zwiebel und den Knoblauch darin andünsten. Die Tomaten
samt der Flüssigkeit hinzufügen und etwa 10 Minuten köcheln lassen. Mit Salz, Pfeffer und
1 Prise Zucker abschmecken.

3   Die Kabeljaukoteletts mit dem Schaumlöffel aus dem Sud heben, gut abtropfen lassen und
auf Teller verteilen. Die Tomatensauce darüber verteilen. Mit Reis oder Salzkartoffeln als
Beilage servieren.

Karpfen

Cyprinus carpio

Familie: Cyprinidae (Karpfenfische)
Größe: 35 bis 110 cm
Alter: 30 bis 40 Jahre
Lebensraum: Teiche und Seen in ganz Europa und Asien
Verwendung in der Küche: Dank seines kräftigen Fleisches kann der Karpfen gebraten, geräuchert, gedünstet, frittiert oder pochiert werden und verträgt viele verschiedene und auch dominante Beilagen.

Karpfen und Kerzenschein: Das gehört zusammen wie das Amen und die Kirche. Der Karpfen ist der Weihnachtsfisch schlechthin, sein natürlicher Begleiter ist die Festtagsbeleuchtung – und das finde ich jammerschade. Natürlich gönne ich jedem seinen Weihnachtskarpfen, das ist eine schöne Sitte, die auch bei uns zu Hause viele Jahre lang ein Ritual war. An den Festtagen kam immer ein Karpfen mit Kartoffeln und Meerrettichsahne auf den Tisch, den ich in bester Erinnerung bewahrt habe und bis heute in höchsten Ehren halte. Und trotzdem habe ich eine Mission: Ich will den Karpfen vom Kerzenschein befreien. Denn dieser Fisch schmeckt einfach viel zu gut, um ihn nur einmal im Jahr zu essen. Er hat allerdings – daran ändern auch seine weihnachtlichen Würden nichts – einen schlechten Ruf und muss mit dem Vorwurf leben, ein muffiges, modriges Aroma zu besitzen. Das ist Unfug. Ein guter Karpfen hat frisches, festes, kräftiges, schön strukturiertes Fleisch und ist zu jeder Jahreszeit ein wahrer Festschmaus.

Trost in der Fastenzeit

Jahrhundertelang wussten es die Menschen besser. Der Karpfen, der ursprünglich aus Asien stammt und schon im Altertum nach Europa eingeführt wurde, ist im Lauf der Geschichte immer einer der beliebtesten Süßwasserfische gewesen. Er wurde im großen Stil gezüchtet und mit ebensolcher Begeisterung gegessen. Das lag auch an den strengen Fastenvorschriften der katholischen Kirche, die an bis zu 150 Tagen im Jahr das Essen von Fleisch verbot. Da war der Karpfen eine willkommene Abwechslung, nicht nur für die Mönche, die aus ihren Klöstern regelrechte Karpfenzuchtbetriebe machten, sondern auch für die einfachen Menschen, die den Gottesmännern nacheiferten. Als Zuchtfisch ist der Karpfen ideal, denn er fühlt sich selbst in flachen Teichen mit niedrigem Sauerstoffgehalt und trübem Wasser wohl.

Der Karpfen gehört traditionell zu den besten und beliebtesten Speisefischen in Europa – und das nicht nur zu Weihnachten. Seit den Zeiten der Römer wird er auf dem ganzen Kontinent in eigenen Teichen gezüchtet.

Das Geheimnis des Wohlgeschmacks

Wie wichtig es ist, bei der Karpfenzucht auf Qualität zu achten und kein Massenprodukt zu kaufen, kann man bei der Familie Wenskus in Reinfeld lernen. Dort gibt es die schönsten Karpfenteiche Schleswig-Holsteins, und von dort kommt einer der besten Karpfen Norddeutschlands. Die Wenskus importieren keine Fische aus Osteuropa und lassen sie dann in ihren Teichen schwimmen, um sie nach einem Jahr zu Schleswig-Holsteiner Karpfen zu deklarieren. Laut Gesetz könnten sie das, denn ein Sommer in einem Teich ganz im Norden Deutschlands reicht aus, um jedem dahergeschwommenen Fisch das Siegel »Holsteiner Karpfen« verleihen zu können. Doch Alfred Wenskus züchtet die delikaten Tiere lieber von klein auf, um alles im Blick zu haben. Diese rigorose Qualitätskontrolle hat ihm das Gütesiegel »Geprüfte Qualität aus Schleswig-Holstein« eingebracht.

Eine letzte Etappe in klarem Wasser

Ganz wichtig ist für Wenskus das langsame, stressfreie Aufwachsen seiner Tiere. Er lässt sie nur das fressen, was in seinen Teichen kreucht und fleucht. Auf Turbowachstum dank Kraftfutter in Form von Pellets verzichtet er im Gegensatz zu vielen anderen Züchtern, weil dadurch das Fleisch zu weich wird und später von der Gabel fällt – so ruiniert man zuverlässig den Ruf des Karpfens. Seine Schützlinge hingegen schwimmen vier Jahre lang glücklich vor sich hin, werden im Oktober aus ihren Teichen abgefischt und dann in Gewässer mit Trinkwasserqualität gesetzt. Das ist entscheidend, denn so verlieren die Tiere nach ein paar Wochen den unangenehmen Geschmack nach Moder, der so viele Menschen abschreckt und den sie durch das Wühlen nach Nahrung im Schlamm bekommen – deswegen nennt man sie auch »die Schweine des Teichs«. Die Karpfen von Wenskus aber schmecken dank ihrer herbstlichen Ruhephase im klaren Wasser nach Gebirgsbächen, und ihr schönes, festes Fleisch kann es selbst mit den kapriziösen Forellen aufnehmen.

Sie wissen, wie wichtig Qualität bei der Karpfenzucht ist: Alfred Wenskus und seine Familie betreiben eine Teichwirtschaft in Reinfeld in Schleswig-Holstein und achten peinlich genau darauf, dass die Tiere ohne jede Hetze und Hektik ganz langsam groß werden können. Nur so wird ihr Fleisch fest und bekommt einen kräftigen, erdigen Geschmack.

Wenn schon die Karpfenzucht ein schwieriges Geschäft ist,
dann ist es das Karpfenangeln erst recht. Dieser zähe Kerl
genießt bei Petrijüngern hohes Ansehen, weil er ein würdiger,
willensstarker Gegner im Kampf Mann gegen Fisch ist.

Das ganze Anglerlatein bringt Alfred Wenskus´ Mitarbeiter
Lothar Schwarzer nicht aus der Ruhe. Es heißt, der Karpfen
beiße weder bei Ostwind noch bei Vollmond. Und die 40 Kilo
schweren Riesenkarpfen fängt man angeblich nur nachts.

Räucherkarpfen
mit Rote-Bete-Salat

Zutaten für 4 Personen

1 kg Rote Beten (vorgegart; vakuumiert), 2 Zweige Thymian,
1 TL schwarze Pfefferkörner, 4 EL Aceto balsamico, Meersalz,
3 EL Olivenöl, 4 geräucherte Karpfenhälften (à 300 g)

1   Die Roten Beten zuerst in Scheiben, dann in Stücke schneiden (dabei am besten Einweg-handschuhe tragen) und in eine Schüssel geben. Den Thymian waschen und trocken schüt-teln, die Blättchen abzupfen und fein hacken. Den Pfeffer im Mörser grob zerstoßen. Essig, Meersalz, Pfeffer, Thymian und Olivenöl gut verrühren und unter die Roten Beten mischen.

2   Die geräucherten Karpfenhälften auf Tellern anrichten und den Rote-Bete-Salat dazu servie-ren. Dazu schmecken Sahnemeerrettich (siehe S. 96) und frisches Brot. *Rezeptfoto rechts*

Karpfenfilet
mit Zitronengras und Gemüsereis

Zutaten für 4 Personen

300 g Basmatireis, Salz, 2 Möhren, 1 Bund Frühlingszwiebeln,
1 Fenchelknolle, 1 Zucchino, 2 Knoblauchzehen, 2 EL Olivenöl, Pfeffer
aus der Mühle, 4 Karpfenfilets (à 250 g), 2 Stängel Zitronengras,
2 EL Olivenöl, 200 ml Weißwein, Saft von 2 Limetten, 50 g kalte Butter

1   Den Reis in einem Sieb gründlich mit kaltem Wasser abspülen. In einem Topf mit 600 ml Salzwasser zugedeckt bei schwacher Hitze etwa 20 Minuten garen. Inzwischen die Möhren putzen und schälen, Frühlingszwiebeln und Fenchel putzen und waschen. Alles in feine Scheiben schneiden. Den Zucchino putzen, waschen, längs halbieren, entkernen und in Streifen schneiden. Den Knoblauch schälen und in feine Würfel schneiden.

2   Das Olivenöl in einem Topf erhitzen, Gemüse und Knoblauch darin bei mittlerer Hitze an-dünsten. Mit 100 ml Wasser ablöschen und etwa 3 Minuten garen, mit Salz und Pfeffer würzen.

3   Die Fischfilets waschen, trocken tupfen und, falls nötig, Gräten entfernen. Mit Salz und Pfeffer würzen. Das Zitronengras putzen und die Stängel andrücken. Die Fischfilets in einer Pfanne im Olivenöl bei mittlerer Hitze auf jeder Seite kurz anbraten. Herausnehmen, den Bratsatz mit Wein und Limettensaft ablöschen und das Zitronengras dazugeben. Die Butter stückchenweise unterrühren. Die Karpfenfilets hineinlegen und 2 bis 3 Minuten ziehen las-sen. Den Reis abgießen, abtropfen lassen und unter das Gemüse mischen. Mit Salz und Pfef-fer abschmecken. Den Gemüsereis und die Karpfenfilets mit etwas Sud auf Teller verteilen.

Karpfen aus dem Topf
mit Sahnemeerrettich

Zutaten für 4 Personen

2 Karpfen (à 1 kg; küchenfertig; ohne Haut; vom Fischhändler
längs halbiert), 1 Zwiebel, 1 Bund Dill, 1 Bund Petersilie, 1 Zitrone,
10 Pfefferkörner, 4 Lorbeerblätter, 2 EL Meersalz, 250 g Sahne,
3 EL frisch geriebener Meerrettich, Salz, 200 g Butter

1 Die Karpfen waschen und trocken tupfen. Die Zwiebel schälen und in dünne Ringe schneiden. Die Kräuter waschen und trocken schütteln. Die Zitrone heiß waschen, trocken reiben
und in dünne Scheiben schneiden. Zwiebel, Kräuter, Zitrone, Pfefferkörner, Lorbeerblätter
und Meersalz mit 2 l Wasser in einem Topf aufkochen. Die Karpfenhälften in den Sud geben
und zugedeckt bei schwacher Hitze 20 Minuten ziehen lassen.

2 Die Sahne steif schlagen, den Meerrettich unterrühren und mit Salz würzen. Die Butter in
einem kleinen Topf bei mittlerer Hitze zerlassen und köcheln lassen, bis sie goldbraun ist.
Durch einen Kaffeefilter gießen und wieder erwärmen. Den Fisch mit dem Sahnemeerrettich
und der braunen Butter servieren. Dazu passen Salzkartoffeln. *Rezeptfoto rechts*

Karpfenfilet blau
auf Wurzelgemüse

Zutaten für 4 Personen

4 Karpfenfilets (à 250 g; mit Haut), 3 Zwiebeln, 6 Möhren,
1/2 Sellerieknolle, 1 Bund Petersilie, 4 EL Butter, 375 ml Weißwein,
Salz, Pfeffer aus der Mühle, 3–4 EL Weißweinessig, 1 Stück Meerrettich

1 Die Karpfenfilets waschen, trocken tupfen und, falls nötig, Gräten entfernen. Die Filets in
je 4 Stücke schneiden. Die Zwiebeln schälen, die Möhren und den Sellerie putzen und schälen. Alles in feine Streifen schneiden. Die Petersilie waschen und trocken schütteln, die Blätter abzupfen und fein hacken.

2 In einem Topf 2 EL Butter erhitzen und das Gemüse darin bei mittlerer Hitze andünsten. Mit
dem Wein und 375 ml Wasser ablöschen. Die Karpfenstücke mit Salz und Pfeffer würzen und
mit der Haut nach oben auf das Gemüse legen. Den Essig etwas erhitzen und über die Karpfenstücke träufeln. Zugedeckt 5 bis 8 Minuten garen, dann die Fischstücke herausnehmen.

3 Die restliche Butter unter das Gemüse mischen und abschmecken. Das Gemüse mit den Karp-
fenstücken und etwas Sud auf Teller verteilen. Den Meerrettich schälen und darüberhobeln.

Gebratener Karpfen
mit Petersilienkartoffeln

Zutaten für 4 Personen

800 g kleine festkochende Kartoffeln, Salz, 1 Bund Petersilie,
2 Karpfen (à 800 g; küchenfertig; ohne Kopf und Schwanz; vom
Fischhändler längs halbiert), Meersalz, Mehl zum Wenden, 50 g Butter

1 Die Kartoffeln gründlich waschen und mit der Schale in kochendem Salzwasser etwa
20 Minuten weich garen. Abgießen, kurz ausdampfen lassen und pellen. Die Petersilie
waschen und trocken schütteln, die Blätter abzupfen und fein hacken.

2 Die Karpfenhälften waschen, trocken tupfen, mit Meersalz würzen und in Mehl wenden. In
zwei Pfannen je 1 EL Butter erhitzen und die Karpfenhälften darin bei mittlerer Hitze auf der
Hautseite 3 bis 4 Minuten braten. Wenden und nochmals 3 bis 4 Minuten braten.

3 Die restliche Butter in einer Pfanne zerlassen, die Kartoffeln darin rundum anbraten und mit
Salz würzen. Die Petersilie untermischen und kurz mitbraten. Den Fisch mit den Petersilien-
kartoffeln auf Tellern anrichten. Dazu passt Kopfsalat. *Rezeptfoto rechts*

Karpfen im Bierteig
mit Remoulade

Zutaten für 4 Personen

Für den Karpfen: 4 Karpfenfilets (à 250 g; ohne Haut), Salz, Pfeffer aus
der Mühle, 250 g Mehl, 200 ml Bier, 2 Eier, 2 Eiweiß, Öl zum Frittieren
Für die Remoulade: 1 Bund Petersilie, 1 Ei, 2 TL Senf, 100 g Sahne,
5 EL Olivenöl, Saft von ½ Zitrone, 1 TL Cayennepfeffer, Salz

1 Für den Karpfen die Fischfilets waschen, trocken tupfen und, falls nötig, Gräten entfernen.
In etwa 6 cm breite Stücke schneiden und mit Salz und Pfeffer würzen. Das Mehl mit dem
Bier, den Eiern und etwas Salz zu einem glatten Teig verrühren und 20 Minuten quellen
lassen. Die Eiweiße halbsteif schlagen und unterheben.

2 Für die Remoulade die Petersilie waschen, trocken schütteln und die Blätter abzupfen. Mit
den restlichen Zutaten mit dem Stabmixer fein pürieren und mit Salz würzen.

3 Das Öl in einem großen Topf erhitzen. Die Fischstücke durch den Bierteig ziehen, etwas
abtropfen lassen und portionsweise im heißen Fett 5 bis 6 Minuten ausbacken. Mit dem
Schaumlöffel herausheben und auf Küchenpapier abtropfen lassen. Die Karpfenstücke mit
der Remoulade servieren. Dazu passt Fenchel-Kartoffel-Salat (siehe S. 52) oder grüner Salat.

Lachs

Salmo

Familie: Salmonidae (Lachsfische)
Größe: bis zu 150 cm
Alter: 10 bis 12 Jahre
Lebensraum: ursprünglich Nordatlantik, Nordpazifik und angrenzende Flüsse, inzwischen weltweite Verbreitung
Verwendung in der Küche: Den großen Bruder der Forelle kann man fangfrisch roh oder gebeizt verzehren. Der Lachs lässt sich zudem pochieren, braten, dünsten und grillen und zergeht geräuchert auf der Zunge.

Mancher wird sich wundern, was Lachs in einem Kochbuch über deutsche Fische verloren hat. Es ist ganz einfach: Der Lachs ist zwar ein Weltbürger, der überall zu Hause ist und sich in Alaska und Neuseeland genauso wohlfühlt wie in Norwegen und Chile. Doch er ist auch ein urdeutscher Fisch. Bis weit ins 20. Jahrhundert wimmelte es in allen deutschen Flüssen von Lachsen. Den Rhein konnte man fast trockenen Fußes überqueren, so viele Lachsleiber gab es dort. Doch Umweltverschmutzung, Wasserkraftwerke und Staustufen machten dem Fisch den Garaus. In den fünfziger Jahren starb er in Deutschland aus und wurde auf dem Teller durch Lachse aus den großen Aquakulturen in Norwegen oder Schottland ersetzt. Zum Glück hat die Geschichte ein Happy End: Mit dem steigenden Umweltbewusstsein verbesserte sich die Wasserqualität in den Flüssen so dramatisch, dass Lachse erfolgreich wieder angesiedelt werden konnten. Und seit ein paar Jahren kehren die ersten ausgesetzten Jungfische zum Laichen wieder zurück zu ihren Ursprungsorten.

Eine seltsam schlingernde Karriere

Der Lachs hat eine Karriere vom Massenfisch zum Luxusfisch und wieder zurück zum Massenfisch hinter sich. Im 19. Jahrhundert kam er auch bei den einfachen Leuten derart häufig auf den Tisch, dass sich die Hausangestellten von ihren Arbeitgebern sogar zusichern ließen, nicht mehr als dreimal pro Woche Lachs essen zu müssen. Mit seinem Verschwinden wurde er dann zum Sinn- und Ebenbild eines Edelfisches. Die gigantischen Zuchtanlagen in aller Welt haben ihn schließlich wieder zu einem Alltagsessen gemacht, das man für ein paar Euro in jedem Supermarkt kaufen kann. Doch diese Antibiotika-Bomben haben mit dem wahren Lachs so viel zu tun wie Fischstäbchen mit einem Steinbuttfilet. Wir haben leider verlernt, was guter Lachs ist, und geben uns schon mit ein paar eingeschweißten Scheiben zufrieden.

Einer der beliebtesten Speisefische der Welt, und das aus gutem Grund: Das Fleisch des Lachses ist fein und dezent und lässt sich hervorragend mit vielen Beilagen kombinieren.

Das Meer versinkt in Gedanken

Was für ein fantastischer Fisch der deutsche Lachs ist, habe ich vor ein paar Jahren an der Ostseeküste begriffen. Es war einer jener Tage, die ich so sehr liebe: Das Meer lag ganz still da, als sei es in Gedanken versunken, steckte mich mit seiner Ruhe an und sagte dem Wind, er solle meine Gedanken vorsichtig forttragen. Wir fuhren aufs Meer hinaus, fingen einen Wildlachs und aßen ihn an Land – nein, wir aßen keinen Fisch, wir aßen ein Wunder mit einem Aroma so zart und fein, dass es uns an Lübecker Marzipan erinnerte.

Dass der Ostseelachs nicht im typischen Rosalachsrot leuchtet, stört nur diejenigen, die sich von dieser Signalfarbe blenden lassen. Die Kenner wissen, dass die vornehme Blässe der Lachse aus der Ostsee von ihrer Nahrung kommt – sie fressen am liebsten Fische mit hellem Fleisch wie Heringe

oder Sprotten. Und die Farbe hat einen großen Vorteil: Die meisten Menschen wollen feuerwehrautoroten Lachs, deswegen werden uns die Fische aus der Ostsee regelrecht nachgeworfen. Lachsliebhaber wie ich kaufen die Tiere immer am Stück. So kann ich an Kiemen und Augen sehen, wie frisch der Fisch ist, und falle nicht auf zu alte Lachse herein, deren Geschmack schnell ranzig und tranig wird. Und ich kann den Lachs guten Gewissens auch den ungeübtesten Hobbyköchen empfehlen. Denn kaum ein anderer Meeresbewohner ist leichter zu handhaben und verzeiht großzügiger grobe Schnitzer – was für ein großartiger Fisch!

Wer jemals einen Wildlachs aus der Ostsee gegessen hat, wird nie wieder zur eingeschweißten Massenzuchtware aus dem Supermarktregal greifen. Und verblüffend preiswert ist diese Delikatesse mit ihrem Marzipanaroma außerdem.

Kräuter-Lachs-Tatar

Zutaten für 4 Personen

250 g Lachsfilet (ohne Haut), 2 Frühlingszwiebeln, 1 Bund Petersilie,
je 1 Zweig Thymian und Rosmarin, 1–2 EL Olivenöl, Zitronensaft,
Salz, Pfeffer aus der Mühle, 4 Scheiben Bauernbrot

1   Das Lachsfilet waschen, trocken tupfen und in sehr kleine Würfel schneiden. Die Frühlingszwiebeln putzen, waschen und in sehr feine Ringe schneiden. Die Kräuter waschen und
trocken schütteln, die Blätter bzw. Nadeln abzupfen und fein hacken. Lachswürfel, Frühlingszwiebeln, Kräuter und Olivenöl mischen. Mit Zitronensaft, Salz und Pfeffer würzen.

2   Aus den Brotscheiben mit einem Metallring Kreise ausstechen und in einer Pfanne ohne Fett
rösten. Das Lachstatar mithilfe des Metallrings auf den Brotscheiben anrichten und nach
Belieben mit Thymian garnieren. Als leichte Vorspeise servieren. *Rezeptfoto rechts*

Lachspäckchen

Zutaten für 4 Personen

Für den Lachs und die Sauce: 300–400 g Lachsfilet (ohne Haut; am
Stück), Salz, Pfeffer aus der Mühle, 1 Mangold, 300 g Blätterteig
(aus dem Kühlregal, ausgerollt), Mehl für die Arbeitsfläche, 1 Eigelb,
2 Schalotten, 60 g kalte Butter, 400 ml Fischfond, 100 ml Champagner
Für die Farce: 200 g Lachsfilet (eisgekühlt), 150 g Sahne (eisgekühlt),
50 g Crème fraîche (eisgekühlt), Salz, Cayennepfeffer, Zitronensaft

1   Für den Lachs das Fischfilet waschen, trocken tupfen, mit Salz und Pfeffer würzen. Den
Mangold in Blätter teilen, waschen, Stiele und Mittelrippen entfernen. Die Blätter in
kochendem Salzwasser 3 Minuten blanchieren. Kalt abschrecken und trocken tupfen.

2   Für die Farce das Lachsfilet in grobe Würfel schneiden. Mit der Sahne und der Crème fraîche
in den Mixer geben, mit Salz, Cayennepfeffer und Zitronensaft würzen und fein pürieren.

3   Den Backofen auf 180 °C vorheizen. Den Blätterteig auf der bemehlten Arbeitsfläche etwas
ausrollen und die Ränder mit Eigelb bestreichen. Die Mangoldblätter darauflegen und mit
etwas Farce bestreichen. Das Lachsfilet darauflegen und mit der restlichen Farce bestreichen.
Mangold und Blätterteig über dem Lachs zusammenschlagen. Das Päckchen auf ein mit
Backpapier belegtes Backblech legen und den Teig mit einer Gabel mehrmals leicht einste-
chen. Im Ofen auf der mittleren Schiene etwa 15 Minuten backen.

4   Für die Sauce die Schalotten schälen, sehr fein würfeln und in 1 EL Butter andünsten. Fond
und Champagner dazugießen und etwas einkochen lassen. Die restliche Butter stückchenweise unterrühren und die Sauce damit binden. Abschmecken und zum Lachs servieren.

Graved Lachs
mit Honig-Senf-Sauce und Linsensalat

Zutaten für 6–8 Personen

Für den Lachs: 1–1,5 kg Lachsfilet (am Stück; mit Haut),
1 EL schwarze Pfefferkörner, 1 unbehandelte Orange, 3 Bund Dill,
80 g Zucker, 60 g Salz
Für die Honig-Senf-Sauce: 4 EL Akazienhonig, 4 EL süßer Senf,
2 TL Dijon-Senf, 1 Bund Dill
Für den Linsensalat: 250 g Puy-Linsen, 2 Schalotten, 1 Möhre,
100 g Knollensellerie, 2 Frühlingszwiebeln, 1 kleine Chilischote,
1 walnussgroßes Stück Ingwer, 1 Knoblauchzehe, 4 EL Olivenöl, Saft
von 1 Orange, 1–2 EL Weißweinessig, Salz, Pfeffer aus der Mühle

1 Zwei Tage zuvor den Lachs waschen und trocken tupfen, Gräten, falls nötig, entfernen. Mit der Hautseite nach unten in eine große Auflaufform oder Schale legen.

2 Die Pfefferkörner im Mörser zerstoßen. Die Orange heiß waschen, trocken reiben, dünn schälen und die Schale in feine Streifen schneiden. Den Dill waschen und trocken schütteln, die Spitzen abzupfen und grob hacken. Den Zucker und das Salz mischen.

3 Den Lachs gleichmäßig mit der Zucker-Salz-Mischung bestreuen, dann den Pfeffer und die Orangenschale darauf verteilen. Zum Schluss den Dill fingerdick auf dem Lachs verteilen. Das Lachsfilet mit Frischhaltefolie bedecken und ein schweres Brett direkt darauflegen (gegebenenfalls zusätzlich mit Konservendosen beschweren). Im Kühlschrank mindestens 48 Stunden beizen.

4 Für die Sauce den Honig mit beiden Senfsorten verrühren. Den Dill waschen und trocken schütteln, die Spitzen abzupfen, sehr fein hacken und unterrühren.

5 Für den Salat die Linsen in kochendem Wasser 20 bis 25 Minuten garen. In ein Sieb abgießen und abtropfen lassen. Die Schalotten schälen, die Möhre und den Sellerie putzen und schälen. Das Gemüse in sehr kleine Würfel schneiden. Die Frühlingszwiebeln putzen, waschen und in feine Ringe schneiden. Die Chilischote längs halbieren, entkernen, waschen und in feine Streifen schneiden. Den Ingwer und den Knoblauch schälen und in feine Würfel schneiden.

6 In einer Pfanne 2 EL Olivenöl erhitzen. Die Schalotten, die Frühlingszwiebeln und das Gemüse darin bei mittlerer Hitze 3 bis 4 Minuten andünsten. Ingwer, Knoblauch, Chili, Orangensaft und den Essig dazugeben. Die Linsen hinzufügen und unterrühren. Das restliche Olivenöl dazugeben und alles bei schwacher Hitze kurz ziehen lassen. Mit Salz und Pfeffer abschmecken.

7 Kurz vor dem Servieren den Lachs aus dem Kühlschrank nehmen und die Folie und die Gewürze entfernen. Die obere Schicht vom Lachs abschaben, da die Beize dort meistens einen bitteren und salzigen Geschmack hinterlässt. Nach Belieben den Lachs erneut mit gehacktem Dill bestreuen. Den Lachs schräg von der Haut in Scheiben schneiden. Mit der Honig-Senf-Sauce und dem lauwarmen Linsensalat auf Tellern anrichten.

Graved Lachs
mit Erbsenpüree und Rösti

Zutaten für 4 Personen

Für das Erbsenpüree: 1 kg frische Erbsen (ersatzweise 400 g tiefgekühlte Erbsen), 1 Bund Frühlingszwiebeln, 1 Bund Zitronenmelisse, ¼ l Fleischbrühe (oder Gemüsebrühe), Salz, Zucker, 150 g Crème fraîche, 1 EL Zitronensaft, Pfeffer aus der Mühle, Olivenöl
Für die Rösti: 750 g festkochende Kartoffeln, Salz, Pfeffer aus der Mühle, frisch geriebene Muskatnuss, 2 EL Butter, 2 EL Sonnenblumenöl
Außerdem: 4 Eier, 8 Scheiben Graved Lachs (siehe links), Olivenöl

1 Für das Erbsenpüree die Erbsen palen (tiefgekühlte Erbsen auftauen lassen). Die Frühlingszwiebeln putzen, waschen und in feine Ringe schneiden. Die Zitronenmelisse waschen und trocken schütteln, die Blätter abzupfen und fein hacken. Die Brühe aufkochen, die Erbsen und die Hälfte der Frühlingszwiebeln mit etwas Salz und 1 Prise Zucker dazugeben und etwa 3 Minuten garen.

2 Die Crème fraîche, den Zitronensaft und die gehackte Zitronenmelisse dazugeben und mit dem Stabmixer fein pürieren. Mit Salz, Pfeffer und etwas Olivenöl würzen. Sollte das Püree zu fest sein, noch etwas Brühe dazugeben.

3 Für die Rösti die Kartoffeln schälen, waschen und grob raspeln. Die Raspel in ein Küchentuch geben und gut ausdrücken. Die ausgedrückten Kartoffelraspel in eine Schüssel geben und mit Salz, Pfeffer und Muskatnuss würzen.

4 Die Eier in kochendem Wasser 6 Minuten wachsweich garen.

5 Die Butter und das Öl in einer Pfanne erhitzen und aus den Kartoffelraspeln portionsweise 8 Rösti braten. Die Eier pellen und halbieren. Je 2 Scheiben Graved Lachs mit etwas Erbsenpüree, 2 Rösti, restlichen Frühlingszwiebeln und den Eierhälften anrichten. Zum Schluss mit etwas Olivenöl beträufeln.

Gebratenes Lachsfilet
auf Kräuterreis mit Pinienkernen

Zutaten für 4 Personen

Für den Kräuterreis: 200 g Basmatireis, Salz, 2 Handvoll gemischte
Kräuter (Thymian, Rosmarin, Dill, Salbei und Bohnenkraut),
1 rote Zwiebel, 1 rote Chilischote, 2 Knoblauchzehen, 2 EL Olivenöl,
50 g Pinienkerne, Pfeffer aus der Mühle, 1 EL Arganöl
Für den Lachs: 600 g Lachsfilet (ohne Haut; aus dem Mittelstück),
Salz, 2 EL Olivenöl

1   Für den Kräuterreis den Reis in einem Sieb gründlich mit kaltem Wasser abspülen. In einem
    Topf mit 400 ml Salzwasser zugedeckt bei schwacher Hitze etwa 20 Minuten garen.

2   Die Kräuter waschen und trocken schütteln. Die Blätter bzw. Nadeln abzupfen und grob
    hacken. Die Zwiebel schälen und längs in dünne Spalten schneiden. Die Chilischote längs
    halbieren, entkernen, waschen und in sehr feine Streifen schneiden. Den Knoblauch schälen
    und in kleine Würfel schneiden.

3   Das Olivenöl in einem Topf erhitzen. Die Zwiebel, die Chilischote und den Knoblauch dazu-
    geben und bei mittlerer Hitze andünsten. Die Pinienkerne hinzufügen und kurz mitdünsten.
    Den Reis und die Kräuter dazugeben, untermischen und kurz erwärmen. Den Kräuterreis mit
    Salz, Pfeffer und Arganöl abschmecken.

4   Für den Lachs das Fischfilet waschen, trocken tupfen, in 4 gleich große Stücke schneiden
    und mit Salz würzen. Das Olivenöl in einer Pfanne erhitzen und die Fischstücke darin auf
    jeder Seite 2 Minuten braten.

5   Den Kräuterreis auf Teller verteilen und je 1 Lachsfiletstück darauf anrichten. Nach Belieben
    mit Kräuterstielen garnieren.

Lachsfilet auf Rahmspinat

Zutaten für 4 Personen

Für den Rahmspinat: 1 kg Blattspinat, 150 g Crème fraîche,
100 g Sahne, 3 EL Olivenöl, 2 EL Butter, Salz, Pfeffer aus
der Mühle, frisch geriebene Muskatnuss
Für den Lachs: 4 Lachsfilets (à 150 g; ohne Haut; aus dem
Mittelstück), Salz, 2 EL Olivenöl

1 Für den Rahmspinat den Blattspinat verlesen und waschen, grobe Stiele entfernen. Den Spinat tropfnass in einen Topf geben. Crème fraîche, Sahne und Olivenöl dazugeben und mit
dem Stabmixer pürieren.

2 Den pürieren Spinat bei schwacher Hitze langsam unter Rühren erwärmen. Die Butter dazugeben und den Spinat mit Salz, Pfeffer und Muskatnuss abschmecken.

3 Für den Lachs den Fisch waschen, trocken tupfen und mit Salz würzen. Das Olivenöl in einer
Pfanne erhitzen und die Fischstücke darin auf jeder Seite 2 Minuten braten. Den Rahmspinat
auf Teller verteilen und je 1 Lachsfilet daraufgeben. Dazu passt Baguette. *Rezeptfoto rechts*

Ofenlachs in Sahnesauce

Zutaten für 6–8 Personen

1 Lachs (2–2,5 kg; küchenfertig), Salz, 6 Schalotten, 6 Frühlingszwiebeln, 100 ml Noilly Prat (franz. Wermut), 1 l Sahne,
200 ml Gemüsebrühe (oder Hühnerbrühe), Pfeffer aus der Mühle

1 Den Backofen auf 200 °C vorheizen. Den Lachs innen und außen waschen und trocken tupfen. Mit Salz würzen und in ein tiefes Backblech legen (sollte er zu groß sein, den Kopf und
den Schwanz entfernen).

2 Die Schalotten schälen und in kleine Würfel schneiden. Die Frühlingszwiebeln putzen,
waschen und in feine Ringe schneiden. Den Noilly Prat, die Sahne und die Brühe verrühren
und zum Lachs gießen. Die Schalotten und Frühlingszwiebeln dazugeben und mit Salz und
Pfeffer würzen. Den Lachs im Ofen auf der mittleren Schiene etwa 20 Minuten garen. Die
Temperatur auf 160 °C reduzieren und den Lachs weitere 20 bis 25 Minuten garen.

3 Den Fisch aus dem Ofen nehmen, auf eine vorgewärmte Platte legen, häuten und filetieren.
Die Lachsfilets mit etwas Sauce auf Teller verteilen. Dazu passt frisches Weißbrot, Reis, ein
Kartoffelgericht oder Linsensalat (siehe S. 106).

Lachskotelett
aus der Pfanne

Zutaten für 4 Personen

4 Lachskoteletts (à 200 g), Salz, Pfeffer aus der Mühle, 8 Schalotten,
2 Knoblauchknollen, 4 Zweige Rosmarin, 3 EL Olivenöl

1 Die Lachskoteletts waschen und trocken tupfen. Mit Salz und Pfeffer würzen.

2 Die Schalotten mit der Schale längs halbieren, die Knoblauchknollen quer halbieren. Die Rosmarinzweige waschen und trocken schütteln. In einer Pfanne 1 EL Olivenöl erhitzen und die halbierten Knoblauchknollen auf der Schnittfläche darin bei mittlerer Hitze anrösten. Die Schalotten und die Rosmarinzweige dazugeben und mitrösten. Alles aus der Pfanne nehmen.

3 Das restliche Olivenöl in der Pfanne erhitzen. Die Lachskoteletts darin auf jeder Seite 2 Minuten braten. Kurz vor Ende der Garzeit die Schalotten und den Rosmarin wieder dazugeben. Die Lachskoteletts mit den Schalotten, dem Knoblauch und dem Rosmarin auf Tellern anrichten. Dazu schmeckt Bauernbrot.

Matjes

Clupea harengus

Familie: Teleostei (Echte Knochenfische)
Größe: 3 bis 25 cm
Alter: bis zu 25 Jahre
Lebensraum: Matjes ist der Lappen des Herings. Heringe leben in den gemäßigten Zonen aller Weltmeere.
Verwendung in der Küche: Die roh in Salzlake eingelegten und gereiften Matjes werden zumeist kalt serviert. Häufig reicht man dazu Pell- oder Bratkartoffeln, Zwiebeln, grüne Bohnen oder einfach Schwarzbrot.

Wir brauchen Menschen wie Henning Plötz. Jeder, der so gerne Fisch isst wie ich und sich nicht von Industrieprodukten aus Nahrungsmittelfabriken ernähren will, muss froh sein, dass es noch Idealisten wie diesen Mann aus Glückstadt in Schleswig-Holstein gibt. Denn Henning Plötz ist der Letzte in Deutschland, der die urdeutsche Spezialität Matjes noch nach traditioneller Art herstellt. Er hält sich streng und getreu an die uralten Methoden und lehnt alle technischen Tricks kategorisch ab. Sein Matjes entsteht genau so, wie ihn früher die Fischer auf ihren Booten und die Hausfrauen in ihren Kellern machten: Der junge, nicht geschlechtsreife Hering, die Basis des Matjes, wird nur an den Kiemen vorsichtig aufgeschnitten, um ihn auszunehmen. Die Innereien werden mit einem Ruck herausgezogen, wobei immer Reste des Magen-Darm-Trakts im Körper bleiben – und das aus gutem Grund. Denn die Verdauungsenzyme des Darmes sorgen später für eine natürliche Reifung des Herings zum Matjes. »Kehlen« heißt diese traditionelle Methode des Ausnehmens, die heute kaum noch jemand beherrscht.

Die ganze Kraft der Natur

Danach wird der Matjes sorgfältig in Holzfässer geschichtet, in nichts anderem als Salzlake eingelegt und in Frieden gelassen. So reift er in aller Ruhe wie ein guter Wein heran und erhält dadurch sein unvergleichlich mildes Aroma. Mehr als Salz und Geduld brauche der Matjes auch nicht, sagt Henning Plötz, keine Konservierungsmittel, keine Geschmacksverstärker, keine Farbstoffe und schon gar kein Öl. So wird Industriematjes hergestellt, für den auch nicht der junge Hering verwendet wird, sondern alter Fisch. Das Ganze heißt dann »nach Matjes Art« und schmeckt im Vergleich zur Glücksburger Delikatesse scheußlich – fischig, tranig, ölig. Der Matjes von Henning Plötz aber duftet nach Meer, und nach nichts sonst.

Noch vor der Geschlechtsreife müssen die Heringe sein, aus denen Matjes werden sollen. Und nur in Salz dürfen sie reifen, damit sie ihr mildes Aroma voll entfalten. Henning Plötz weiß das besser als jeder andere.

Das beste Mittel gegen den Brausebrand

Matjes ist für mich der norddeutsche Fisch schlechthin, der Fisch meiner Kindheit und der Fisch meines Lebens. Bei uns zu Hause gab es immer Matjes, zu jeder Gelegenheit kam der rohe Fisch auf den Tisch. Und natürlich bin ich auch als Koch diesem Alleskönner treu geblieben, der mit jedem kann, mit Zwiebelringen und Pellkartoffeln, mit Speckwürfeln und Schwarzbrot und selbst mit der exotischen Süße einer Mango. Ich esse mindestens einmal pro Woche Matjes, weil er gesund ist, voller Omega-3-Fettsäuren steckt, herrlich schmeckt und dazu noch wenig kostet. Ohne ihn könnte ich niemals leben. Eine Notration Matjes sollte jeder immer im Haus haben, dann wird man niemals Hunger leiden. Und eine bessere Medizin gegen einen ordentlichen Kater gibt es nicht – wer einen Brausebrand hat, wie das bei uns heißt, kuriert ihn in Windeseile mit einer schönen Portion Matjes.

Champagner braucht nicht immer Hummer

Ich bin gewiss kein engstirniger kulinarischer Lokalpatriot, sosehr ich die Küche meiner norddeutschen Heimat auch liebe. Doch manchmal verstehe ich unseren zwanghaften Blick ins Ausland in allen gastronomischen Belangen nicht. Wir essen mit Begeisterung Sushi, an jeder Ecke gibt es den rohen japanischen Fisch, und wehe, die Qualität ist nicht erstklassig. Gleichzeitig kommt Matjes, unser ureigenes Sushi, immer mehr aus der Mode. Oder wir geben uns mit Fälschungen und Täuschungen »nach Matjes Art« zufrieden. Warum werden bei einem Sektempfang immer nur Scampi-Spieße oder Hummerschwänze gereicht und nicht Matjes nach traditioneller Art, dieser großartige deutsche Küchenklassiker? Ich jedenfalls bleibe dem Matjes treu und freue mich jedes Jahr auf das große Matjesfest in der deutschen Matjes-Hauptstadt Glücksburg, zu dem Hunderttausende Besucher kommen und die längste Matjestafel der Welt aufgebaut wird. Dann gehe ich zu Henning Plötz, hole mir ein Stückchen Meer im Holzfässchen und bin glücklich.

Henning Plötz aus Glücksburg ist der Letzte, der Matjes noch so herstellt, wie es Generationen vor ihm gemacht haben. Er hält die Fahne dieser urdeutschen Delikatesse hoch, deren Name allerdings aus dem Niederländischen stammt – vom Wort »Meisjes« für junge Mädchen, weil die Grundlage von Matjes ganz junger, nicht geschlechtsreifer Hering ist.

Matjesfilet auf Mango

Zutaten für 4 Personen

1 Mango, 4 Matjesfilets, 1 kleine Chilischote, 1 EL Himbeeressig,
2 EL Olivenöl, 1 EL Schnittlauchröllchen

1 Die Mango schälen, das Fruchtfleisch auf den flachen Seiten vom Stein schneiden. In sehr dünne Scheiben schneiden und auf vier Teller verteilen. Die Matjesfilets darauflegen.

2 Die Chilischote längs halbieren, entkernen, waschen und fein hacken. Den Himbeeressig und das Olivenöl mit Chili und Schnittlauchröllchen verrühren. Das Dressing über den Mangos und den Matjesfilets verteilen. *Rezeptfoto rechts*

Matjes-Bohnen-Salat

Zutaten für 4 Personen

4 neue Kartoffeln, 500 g grüne Bohnen, Salz, 3 Frühlingszwiebeln,
5 Cocktailtomaten, 1 Bund Petersilie, 125 g Bacon (Frühstücksspeck),
8 Matjesfilets, Pfeffer aus der Mühle, 2 EL Weißweinessig,
2 EL Sonnenblumenöl, Zucker

1 Die Kartoffeln waschen und mit Schale etwa 20 Minuten kochen. Abgießen, kurz ausdampfen lassen und pellen. Kartoffeln in Scheiben schneiden. Die Bohnen putzen, waschen, in Stücke schneiden und in sprudelnd kochendem Salzwasser 6 bis 8 Minuten bissfest kochen. In ein Sieb abgießen und eiskalt abschrecken. Die Bohnen trocken tupfen.

2 Die Frühlingszwiebeln putzen, waschen und in feine Ringe schneiden. Die Tomaten waschen und halbieren. Die Petersilie waschen, trocken schütteln, die Blätter abzupfen und hacken.

3 Den Bacon in Streifen schneiden und in einer Pfanne ohne Fett knusprig braten. Herausnehmen und auf Küchenpapier abtropfen lassen.

4 Die Matjesfilets in mundgerechte Stücke schneiden. Kartoffeln, Bohnen, Frühlingszwiebeln und Tomaten mischen. Mit Salz und Pfeffer würzen. Essig, Öl und 1 Prise Zucker verrühren, hinzufügen und alles gut vermischen. Abschmecken. Mit der gehackten Petersilie bestreuen.

Eingelegte Matjesfilets
auf schwedische Art

Zutaten für 4 Personen

12 Matjesfilets, 2 Schalotten, 2 Möhren, 1 walnussgroßes Stück Ingwer,
5 Zweige Thymian, 2 große Zweige Rosmarin, ½ l Rotwein, 200 ml
Rotweinessig, 2 Knoblauchzehen (angedrückt), 10 Lorbeerblätter,
10 schwarze Pfefferkörner, 5 Wacholderbeeren, 2 EL Zucker

1 Zwei Tage zuvor die Matjesfilets in eine flache Schale legen. Die Schalotten schälen und in
dünne Ringe schneiden. Die Möhren putzen, schälen und in dünne Scheiben schneiden. Den
Ingwer schälen und in feine Würfel schneiden. Die Kräuter waschen und trocken schütteln.

2 Wein und Essig mit Schalotten, Möhren, Ingwer, Knoblauch, Kräuterzweigen, Lorbeerblättern, den ganzen Gewürzen und dem Zucker in einen Topf geben. Aufkochen und alles bei
schwacher Hitze etwa 15 Minuten ziehen lassen. Den Topf vom Herd nehmen und den Sud
abkühlen lassen.

3 Den Sud über die Matjesfilets gießen. Zwei Tage zugedeckt im Kühlschrank durchziehen lassen, dabei zwischendurch einmal wenden. Als Beilage passen Bauernbrot, Kartoffelpüree
oder Bratkartoffeln. *Rezeptfoto rechts*

Matjesfilets
auf Rhabarber-Erdbeer-Sauce

Zutaten für 4 Personen

2 Stangen Rhabarber, 200 g Erdbeeren, 1 haselnussgroßes Stück
Ingwer, 400 ml Traubensaft, 1 EL grüner Pfeffer (aus dem Glas),
Zucker, 8 Matjesfilets

1 Den Rhabarber putzen, waschen und schälen. Die Stangen in dünne Scheiben schneiden.
Die Erdbeeren waschen, putzen und in kleine Stücke schneiden. Den Ingwer schälen und in
Scheiben schneiden.

2 Den Traubensaft mit dem Rhabarber und dem Ingwer erhitzen und etwa 5 Minuten köcheln
lassen. Den Ingwer entfernen und die Erdbeeren in die Sauce geben. Den Topf vom Herd
nehmen und die Sauce etwa 30 Minuten ziehen lassen.

3 Den grünen Pfeffer abtropfen lassen, grob hacken und zu den Früchten geben. Mit 1 Prise
Zucker abschmecken und abkühlen lassen. Die kalte Fruchtsauce auf vier Teller verteilen
und je 2 Matjesfilets darauf anrichten.

Matjesfilet
mit Rucolapesto und Spiegelei

Zutaten für 4 Personen

1 großes Bund Rucola, 1 Knoblauchzehe, 1 Schalotte, 100 ml Olivenöl,
Zitronensaft, Salz, Zucker, 2 EL Butter, 4 Eier, 4 Matjesfilets

1 Den Rucola verlesen, waschen und trocken schütteln. Grobe Stiele entfernen. Den Knoblauch
schälen und halbieren. Die Schalotte schälen und in Würfel schneiden. Alles mit dem Olivenöl in einen hohen Rührbecher geben und mit dem Stabmixer zu einer feinen Paste pürieren. Mit 1 Spritzer Zitronensaft, Salz und 1 Prise Zucker abschmecken.

2 Die Butter in einer Pfanne erhitzen, die Eier darin zu Spiegeleiern braten. Mit Salz würzen.
Je 1 Matjesfilet auf einen Teller geben und mit etwas Pesto und je 1 Spiegelei anrichten.
Rezeptfoto rechts

Matjesfilets
mit Ofenkartoffeln und Keniabohnen

Zutaten für 4 Personen

6 große festkochende Kartoffeln, 50 g Butter, Salz, Pfeffer aus der
Mühle, 250 g Sahne, frisch geriebene Muskatnuss, 500 g Keniabohnen,
3 Schalotten, 1 Bund Bohnenkraut, 1 EL Olivenöl, 16 Matjesfilets

1 Den Backofen auf 180 °C vorheizen. Die Kartoffeln schälen, waschen, in dünne Scheiben
schneiden oder hobeln und auf ein mit Butter gefettetes Backblech geben. Mit Salz und Pfeffer würzen. Die Sahne darübergießen, nochmals mit Salz, Pfeffer und Muskatnuss würzen
und alles gut mischen. Die übrige Butter in Flöckchen darauf verteilen. Die Kartoffeln im
Ofen auf der mittleren Schiene etwa 20 Minuten garen.

2 Die Bohnen putzen, waschen und in Stücke schneiden. In kochendem Salzwasser 8 bis
10 Minuten bissfest garen. Die Schalotten schälen und in feine Würfel schneiden. Das
Bohnenkraut waschen und trocken schütteln, die Blätter abzupfen und fein hacken.

3 Die Bohnen abgießen und kalt abschrecken. Das Olivenöl erhitzen und die Schalotten und
das Bohnenkraut darin andünsten. Die Bohnen untermischen und mit Salz und Pfeffer würzen. Die Bohnen mit den Ofenkartoffeln und je 4 Matjesfilets auf Tellern anrichten.

Matjes-Kartoffel-Auflauf

Zutaten für 4 Personen

8 festkochende Kartoffeln, 4 Zwiebeln, ¼ l Milch, 200 g Sahne, Salz,
Pfeffer aus der Mühle, frisch geriebene Muskatnuss, 6 Matjesfilets

1   Den Backofen auf 180 °C vorheizen. Die Kartoffeln schälen, waschen und in feine Scheiben schneiden oder hobeln. Die Zwiebeln schälen und in feine Ringe hobeln.

2   Die Milch mit der Sahne verrühren und mit Salz, Pfeffer und Muskatnuss abschmecken. Kartoffeln und Zwiebeln mit den Matjesfilets in eine flache Auflaufform (etwa 30 cm) schichten, dabei mit Kartoffelscheiben abschließen. Die Sahnemilch darübergießen und den Auflauf im Ofen auf der mittleren Schiene etwa 40 Minuten garen. *Rezeptfoto rechts*

Matjesfilets mit Apfelcurry

Zutaten für 4 Personen

1 große rote Zwiebel, 3 Frühlingszwiebeln, 1 rote Chilischote,
1 walnussgroßes Stück Ingwer, ¼ l Apfelsaft, 4 Äpfel, 2 EL Olivenöl,
½ EL Currypulver, abgeriebene Schale und Saft von 1 unbehandelten
Zitrone, Salz, Zucker, 1 EL Butterschmalz, 1 TL Zimtpulver,
8 Matjesfilets

1   Die Zwiebel schälen und in sehr feine Würfel schneiden. Die Frühlingszwiebeln putzen, waschen und klein schneiden. Die Chilischote längs halbieren, entkernen, waschen und in kleine Würfel schneiden. Den Ingwer schälen und fein reiben.

2   Den Apfelsaft in einem Topf auf die Hälfte einkochen lassen. 2 Äpfel waschen, vierteln, entkernen und in kleine Würfel schneiden. Das Olivenöl in einem Topf erhitzen, Apfelwürfel, Zwiebeln und Chili darin andünsten. Das Currypulver darüberstäuben und andünsten. Mit dem eingekochten Apfelsaft ablöschen. Mit Ingwer, Zitronenschale und -saft, Salz und 1 Prise Zucker würzen und alles 2 bis 3 Minuten köcheln lassen.

3   Die restlichen Äpfel waschen, trocken reiben und die Kerngehäuse ausstechen. Die Äpfel in Ringe schneiden und im Butterschmalz auf beiden Seiten braun braten. Mit dem Zimt und 1 Prise Zucker bestreuen. Die gebratenen Apfelringe auf Teller verteilen. Etwas Apfelcurry und je 2 Matjesfilets darauf anrichten. Lauwarm servieren.

Meeräsche

Chelon labrosus

Familie: Mugilidae (Meeräschen)
Größe: bis zu 120 cm
Alter: bis zu 16 Jahre
Lebensraum: weltweite Verbreitung
Verwendung in der Küche: Die Filets dieses unterschätzten Fisches lassen sich ganz unkompliziert braten, dünsten oder auch schonend dämpfen.

Die Meeräsche ist das Aschenputtel der Ozeane. Sie trägt ein fahlgraues Gewand, steht immer im Schatten schillernderer Meeresbewohner wie Steinbutt oder Wolfsbarsch und wird als Speisefisch fast nie an eine herrschaftliche Tafel geladen. Auch ich hatte viele Jahre lang nur Augen für die schönen Schwestern der Meeräsche – bis eines Tages ein Prinz kam und mich eines Besseren belehrte. Dieser Edelmann war Johannes King, einer der besten Fischköche Deutschlands, der im Sölringhof auf Sylt am Herd steht und dort im Glanz zweier Michelin-Sterne wahre Wunder vollbringt. Mir bereitete er eine Meeräsche ganz einfach in einer Beurre blanc zu, einer klassischen französischen Buttersauce, die mit Schalotten, Weißwein und Sahne verfeinert und im Wasserbad cremig geschlagen wird. Es war ein unglaubliches Erlebnis, wie sich das ozeanische Aschenputtel in eine Tellerschönheit verwandelte. Sie entpuppte sich nicht als zartes, zerbrechliches Wesen, sondern als selbstbewusster Fisch mit einem majestätisch kräftigen Geschmack, den aber immer ein dunkles Geheimnis zu umwehen schien – ewigen Dank schulde ich Johannes King.

Die Delfine helfen den Fischern

Das Schicksal der Meeräsche ist typisch für unser Verhältnis zu den Fischen: Wir haben viel zu wenig Ahnung von den Reichtümern des Meeres, scheuen vor Tieren zurück, die wir nicht kennen, und wissen fast nichts mehr von unseren kulinarischen Traditionen. Dabei können wir vom Küchenerbe der Geschichte nur lernen – zum Beispiel, dass die Meeräsche schon im Altertum zu den beliebtesten Speisefischen gehörte. Sie ist hundertfach auf den Wandmalereien im Ägypten der Pharaonen abgebildet, gehörte zu den Leibgerichten des römischen Erzschlemmers Marcus Gaius Apicius und wurde – so die Legende – mithilfe von Delfinen gefangen, die den Fischern die Meeräschen ins Netz trieben.

Meeräschen werden als Speisefische chronisch unterschätzt. Sie haben ein festes Fleisch mit einem kräftigen Aroma, sind leicht zuzubereiten und obendrein auch noch preiswert.

Meeräschen-Krabben-Cocktail

Zutaten für 4 Personen

4 Meeräschenfilets (à 100 g; ohne Haut), Salz, ½ Bund Dill,
200 g Nordseekrabben (vorgegart), 2 EL Crème fraîche,
1 EL Sahne, Zitronensaft, 4 Scheiben Bauernbrot, 3 EL Butter

1 Die Meeräschenfilets waschen, trocken tupfen und mit Salz würzen. Den Dill waschen, trocken schütteln und die Spitzen abzupfen.

2 Die Nordseekrabben in einem Sieb abbrausen, gut abtropfen lassen und trocken tupfen. Die Crème fraîche, die Sahne und 1 Spritzer Zitronensaft verrühren. Die Krabben untermischen.

3 Die Brotscheiben in einer Pfanne ohne Fett goldbraun rösten. Herausnehmen. Die Butter in einer Pfanne erhitzen und die Meeräschenfilets darin auf jeder Seite 2 Minuten braten. Kurz vor dem Ende der Garzeit den Dill dazugeben und die Filets darin wenden. Die Krabben auf den Brotscheiben verteilen und jeweils 1 Meeräschenfilet darauflegen. *Rezeptfoto rechts*

Meeräschen-Wirsing-Päckchen

Zutaten für 4 Personen

1 Wirsing, Salz, 4 Meeräschenfilets (à 100 g; ohne Haut), Pfeffer
aus der Mühle, Butter für die Form, ½ l Gemüsebrühe, 125 g Sahne,
1 EL Currypulver, Zitronensaft

1 Den Backofen auf 180 °C vorheizen. Vom Wirsing die äußeren Blätter entfernen. Den ganzen Wirsing 2 bis 3 Minuten in kochendem Salzwasser blanchieren, herausnehmen und abtropfen lassen. 4 bis 8 Blätter ablösen und den Strunk etwas flach schneiden.

2 Die Meeräschenfilets waschen, trocken tupfen und mit Salz und Pfeffer würzen. Je 1 Fischfilet auf 1 Wirsingblatt legen. Sollten die Blätter zu klein sein, 2 Wirsingblätter leicht überlappend nebeneinanderlegen und 1 Fischfilet darin einschlagen (restlichen Wirsing anderweitig verwenden). Die Päckchen nebeneinander in eine gefettete Auflaufform legen und die Brühe angießen. Die Fischpäckchen im Ofen auf der mittleren Schiene etwa 15 Minuten garen.

3 Die Wirsingpäckchen herausnehmen und die Garflüssigkeit in einen Topf gießen. Sahne und Currypulver dazugeben und die Sauce mit Salz, Pfeffer und Zitronensaft abschmecken. Etwas einkochen lassen. Die Fischpäckchen kurz in der Sauce ziehen lassen und servieren. Dazu passen Salzkartoffeln.

Kross gebratene Meeräsche
auf Kohlrabigemüse

Zutaten für 4 Personen

Für das Kohlrabigemüse: 2 mittelgroße Kohlrabi, Salz, 200 g Sahne,
200 ml Milch, Pfeffer aus der Mühle, Zitronensaft, 3 EL Butter,
2 EL Mehl
Für die Meeräsche: 4 Meeräschenfilets (à 150 g; mit Haut), Salz,
3 EL Olivenöl

1 Für das Kohlrabigemüse von den Kohlrabi das Grün abschneiden und nach Belieben
waschen, trocken tupfen und zum Garnieren beiseitelegen. Die Kohlrabi schälen, halbieren
und in Scheiben schneiden. Die Kohlrabischeiben in kochendem Salzwasser etwa 10 Minuten garen.

2 Den Kohlrabi abgießen und wieder in den Topf geben. Die Sahne und die Milch zum Kohlrabi geben und aufkochen. Mit Salz, Pfeffer und 1 Spritzer Zitronensaft würzen.

3 Die Butter und das Mehl verkneten. Die Mehlbutter in kleinen Stücken zum Kohlrabi geben
und rühren, bis die Flüssigkeit bindet. Das Kohlrabigemüse nochmals abschmecken und
warm halten.

4 Für die Meeräsche die Fischfilets waschen und trocken tupfen. Die Haut mit einem scharfen
Messer mehrmals einritzen, damit sie sich beim Braten nicht zusammenzieht. Die Filets mit
Salz würzen. Das Olivenöl in einer Pfanne erhitzen. Die Meeräschenfilets auf der Hautseite
etwa 3 Minuten braten. Wenden und weitere 2 Minuten braten.

5 Das Kohlrabigemüse auf Teller verteilen und die Meeräschenfilets darauf anrichten. Nach
Belieben mit dem Kohlrabigrün garnieren. Dazu schmecken Salzkartoffeln.

Meeräschenfilet
auf Tomatenragout

Zutaten für 4 Personen

4 Meeräschenfilets (à 100 g; mit Haut), Salz, je 10 gelbe, rote und
dunkelrote Cocktailtomaten, 1 Bund Basilikum, 5 EL Olivenöl,
Pfeffer aus der Mühle, Zucker

1   Die Meeräschenfilets waschen, trocken tupfen und halbieren. Die Haut mehrmals einritzen
und mit Salz würzen. Die Cocktailtomaten waschen und halbieren. Das Basilikum waschen,
trocken schütteln und die Blätter abzupfen.

2   In einer Pfanne 3 EL Olivenöl erhitzen. Die Meeräschenfilets auf der Hautseite etwa 3 Minuten braten. Wenden und weitere 2 Minuten braten. Das restliche Olivenöl in einer weiteren
Pfanne erhitzen und die Tomaten darin 1 Minute braten. Das Basilikum untermischen. Die
Tomaten mit Salz, Pfeffer und 1 Prise Zucker würzen. Das Tomatenragout auf Teller verteilen
und die Meeräschenfilets darauf anrichten. *Rezeptfoto rechts*

Meeräschenfilet
mit Fenchel-Pecorino-Penne

Zutaten für 4 Personen

1 Schalotte, 1 Fenchelknolle, 6 weiße Champignons, 1 Knoblauchzehe,
1 kleine Chilischote, 50 g Pinienkerne, 8 EL Olivenöl, Salz, Zucker,
¼ l Gemüsebrühe, 1 EL Fenchelsamen (im Mörser zerstoßen), abgeriebene Schale und Saft von ½ unbehandelten Zitrone, 300 g Penne,
4 Meeräschenfilets (à 150 g; ohne Haut), 150 g geriebener Pecorino

1   Schalotte schälen, Fenchel putzen und waschen, Champignons putzen. Alles in Streifen bzw.
Scheiben schneiden. Knoblauch andrücken. Chilischote längs halbieren, entkernen, waschen
und fein hacken. Pinienkerne in einer Pfanne ohne Fett rösten, herausnehmen und hacken.

2   Den Fenchel in 4 EL Öl anbraten. Mit Salz und Zucker würzen. Schalotten, Pilze, Knoblauch
und Chili dazugeben, mit Brühe ablöschen. Fenchelsamen, Zitronenschale und -saft hinzufügen und 3 bis 4 Minuten köcheln lassen. Die Penne nach Packungsanweisung bissfest garen.

3   Die Fischfilets waschen, trocken tupfen und mit Salz würzen. In einer Pfanne 3 EL Öl erhitzen und die Filets darin auf jeder Seite 2 Minuten braten. Die Nudeln in ein Sieb abgießen
und tropfnass zum Fenchelsud geben. Alles gut vermischen. Die Pinienkerne und den Käse
untermischen. Mit dem restlichen Öl beträufeln und auf Teller verteilen. Je 1 Fischfilet
darauf anrichten. Nach Belieben mit schwarzem Pfeffer und gehackter Petersilie bestreuen.

Rotbarsch

Sebastes marinus

Familie: Sebastidae (Stachelköpfe)
Größe: 45 bis 50 cm
Alter: bis zu 60 Jahre
Lebensraum: Nordatlantik
Verwendung in der Küche: Der Rotbarsch ist ein Allrounder: Sein festes weißes Fleisch lässt sich kochen, pochieren, dünsten, braten, frittieren und grillen.

Sein grandioser Geschmack wird ihm fast zum Verhängnis: Der Rotbarsch ist in der Vergangenheit erbarmungslos gejagt worden. Und auch jetzt noch herrscht Alarmstufe Rot.

Es ist unser Schicksal, dass die guten Sachen immer seltener werden, jedenfalls diejenigen, die aus dem Meer kommen. Damit müssen wir uns in einer überbevölkerten Welt wohl oder übel abfinden. Unglücklicherweise gilt das auch für meinen Lieblingsfisch: den Rotbarsch, den König des Nordatlantiks. Seit meiner Kindheit bin ich in diesen eleganten, vornehmen Meeresbewohner vernarrt, den meine Mutter meisterhaft zubereitete und ganz schlicht mit Kartoffelsalat servierte. Doch der Rotbarsch ist so selbstbewusst, dass er jede Beilage verträgt. Ich habe ihn schon mit Grünkohl oder einer Senfsauce kombiniert, ohne dass dieses wunderbare Wesen dabei untergegangen wäre. Deswegen widme ich meinem Liebling mehr Rezepte als jedem anderen Fisch. Und ich bin so egoistisch, weiterhin Rotbarsch zu essen, obwohl er überfischt ist. Doch wir wären verrückt, wenn wir auf diesen Genuss verzichten würden. Wir dürfen den Fisch nur nicht gedankenlos in uns hineinstopfen. Ich schränke mich ganz bewusst ein – und freue mich umso mehr auf jeden Rotbarsch.

Fischfanatiker unter sich

Den besten Rotbarsch bekomme ich bei Michael Ditzer in Cuxhaven. Er ist ein Fischfanatiker so wie ich und sagt von sich selbst, dass er Kiemen und Schuppen habe und ein Leben für den Fisch führe. Direkt am Hafen hat er seine kleine Firma, in der er fast ausschließlich wild gefangenen und ganz selten gezüchteten Fisch verarbeitet und verkauft oder ihn gleich nebenan in seinem Restaurant serviert – authentischer kann man nirgendwo in Cuxhaven Fisch essen. Michael Ditzer und ich sind Brüder im Geiste, wir wissen beide, welche Verantwortung wir als fischliebende Menschen tragen. Er könne gar nicht anders, als schonend mit den Schätzen der Ozeane umzugehen, denn er habe Kinder, und die sollten ja auch noch etwas vom Meer haben, meint er lapidar. Er achtet darauf, dass seine Rotbarsche mit schonenden Langleinen und nicht mit den zerstörerischen Schleppnetzen gefischt werden. Er hält den unvermeidlichen Beifang, wie Rochen, nicht für Abfall, sondern verkauft ihn genauso respektvoll wie den Rotbarsch. Und er nimmt die Launen der Natur gelassen hin: Wenn es nach einem Sturm keinen Fisch gibt, dann bleiben die Theken eben leer und werden nicht panikartig mit Tiefkühlware aufgefüllt.

Ein ganzes Leben für den guten Geschmack

Nach einem Besuch bei Michael Ditzer gehe ich gern am Strand von Cuxhaven spazieren und denke über meine Rotbarsche da draußen im Atlantik nach. Ihr ganzes Leben scheint einem einzigen Zweck untergeordnet zu sein: Sie wollen so schmackhaft wie möglich werden, um uns die größtmögliche Freude zu bereiten. Rotbarsche wachsen extrem langsam, leben die meiste Zeit in sehr kaltem Wasser, ernähren sich von hocharomatischer Nahrung wie Hering oder Krill und bekommen dadurch ihr festes, kräftiges und doch immer feines, zartes Fleisch. Am besten schmecken sie zwei, drei Tage nach dem Fang, also genau dann, wenn sie bei Michael Ditzer ankommen. Denn der Fisch muss 48 Stunden lang ruhen, bevor man ihn zubereitet. Und dann ist er der Himmel auf Erden.

Rechts: Dieser Mann kann noch einen Hering von einer toten Möwe unterscheiden, wie man in Norddeutschland sagt: Der Fischhändler Michael Ditzer aus Cuxhaven hat nur die frischeste Ware im Angebot und den besten Rotbarsch weit und breit. Doch leider bleibt seine Lagerhalle manchmal halb leer, weil die Bestände überfischt sind und strenge Fangquoten gelten.

Pochiertes Rotbarschfilet
mit Grünkohl und heller Senfsauce

Zutaten für 4 Personen

Für den Grünkohl: 500 g Grünkohl, Salz, 1 Schalotte, 3 EL Butter, Pfeffer aus der Mühle, frisch geriebene Muskatnuss, 100 ml Fleischbrühe (oder Gemüsebrühe)

Für den Rotbarsch: 3 Zwiebeln, ¼ l Weißwein, 100 ml Weißweinessig, 10 Lorbeerblätter, 10 Pimentkörner, 20 schwarze Pfefferkörner, 4–5 Stiele Petersilie, Meersalz, 4 Rotbarschfilets (à 150 g; ohne Haut)

Für die Senfsauce: 250 g Naturjoghurt, 3 EL Senf, 2 EL flüssige Butter, 1 Spritzer Zitronensaft, Salz

1 Für den Grünkohl die Grünkohlblätter von den Stielen schneiden, gründlich waschen und abtropfen lassen. Den Kohl in kochendem Salzwasser etwa 2 Minuten blanchieren. In ein Sieb abgießen, kalt abschrecken und abtropfen lassen. Den Grünkohl zerzupfen. Die Schalotte schälen und in feine Würfel schneiden.

2 Die Butter in einem großen Topf erhitzen und die Schalottenwürfel darin bei mittlerer Hitze andünsten. Den ausgedrückten Grünkohl dazugeben, kurz mitdünsten und mit Salz, Pfeffer und Muskatnuss würzen. Die Brühe angießen und den Grünkohl bei schwacher Hitze etwa 20 Minuten garen.

3 Für den Rotbarsch die Zwiebeln schälen und in dünne Scheiben schneiden. Für den Sud den Wein, den Essig, ½ l Wasser, die Lorbeerblätter, die Gewürzkörner, die Petersilie und 2 EL Meersalz in einen Topf geben und aufkochen. Bei schwacher Hitze etwa 15 Minuten ziehen lassen. Die Rotbarschfilets waschen, trocken tupfen und im Sud bei schwacher Hitze 8 bis 10 Minuten gar ziehen lassen.

4 Für die Senfsauce den Joghurt, den Senf und die Butter in einem Topf verrühren und leicht erhitzen. Die Sauce darf nicht kochen, sonst flockt sie aus. Mit Zitronensaft und etwas Salz abschmecken.

5 Die Fischfilets aus dem Sud heben, abtropfen lassen, auf Teller verteilen und mit etwas Meersalz bestreuen. Den Grünkohl und die Senfsauce danebenanrichten. Dazu passen Salzkartoffeln.

Gebratenes Rotbarschfilet
mit Zwiebel-Ingwer-Gemüse

Zutaten für 4 Personen

4 Frühlingszwiebeln, 2 rote Zwiebeln, 2 Schalotten, 4 Knoblauchzehen,
30 g Ingwer, 2 EL Öl, 100 ml Weißwein, 1 EL Noilly Prat (franz.
Wermut), Zitronensaft, 4 Rotbarschfilets (à 150 g; ohne Haut), Salz,
Pfeffer aus der Mühle, 2 EL Olivenöl, Zucker

1 Frühlingszwiebeln putzen, waschen und in feine Ringe schneiden. Zwiebeln und Schalotten
  schälen und in feine Streifen schneiden. Knoblauch und Ingwer schälen und fein hacken.

2 Das Öl in einem Topf erhitzen, Zwiebeln und Schalotten darin bei mittlerer Hitze andünsten.
  Ingwer und Knoblauch dazugeben und kurz mitdünsten. Wein, Noilly Prat und 1 Spritzer
  Zitronensaft hinzufügen und das Zwiebelgemüse etwa 5 Minuten garen.

3 Die Rotbarschfilets waschen, trocken tupfen, mit Salz und Pfeffer würzen. Das Olivenöl in
  einer Pfanne erhitzen und die Filets darin bei mittlerer Hitze 4 bis 5 Minuten braten. Das
  Zwiebelgemüse mit Salz und 1 Prise Zucker würzen. Mit den Fischfilets auf Tellern anrichten.
  Rezeptfoto rechts

Gedämpftes Rotbarschfilet
auf asiatische Art

Zutaten für 4 Personen

je 1 rote und gelbe Paprikaschote, 2 Möhren, je 3 Stangen Lauch und
Staudensellerie, ½ Salatgurke, ¼ l Hühnerbrühe, je 1 EL Reiswein,
Sesamöl (geröstet) und Sojasauce, 1 EL geriebener Ingwer, 1 geriebene
Knoblauchzehe, abgeriebene Schale und etwas Saft von ½ unbehan-
delten Zitrone, 4 Rotbarschfilets (à 150 g; ohne Haut), Salz

1 Die Paprikaschoten längs halbieren, entkernen, waschen und mit dem Sparschäler schälen.
  Die Möhren putzen und schälen. Lauch und Sellerie putzen und waschen. Alles in feine
  Streifen schneiden. Die Gurke waschen, längs halbieren und die Kerne mit einem Teelöffel
  entfernen. Die Gurke in Streifen schneiden.

2 Die Brühe in einen großen Topf geben und bis auf etwa 4 EL einkochen lassen. Reiswein,
  Sesamöl und Sojasauce dazugeben. Mit Ingwer, Knoblauch, Zitronenschale und -saft würzen.

3 Das Gemüse in einen Dämpfeinsatz geben. Die Rotbarschfilets waschen, trocken tupfen, mit
  Salz würzen und auf das Gemüse legen. Den Dämpfeinsatz über den Sud stellen, Gemüse
  und Fisch zugedeckt bei mittlerer Hitze 10 Minuten gar dämpfen. Die Rotbarschfilets mit
  dem Gemüse auf Tellern anrichten und mit etwas Sud beträufeln.

Rotbarsch-Spaghetti
mit Gemüse und Oliven

Zutaten für 4 Personen

400 g Spaghetti, Salz, 3 Tomaten, 2 Möhren, 2 Schalotten,
2 Frühlingszwiebeln, ½ Bund Petersilie, 3 EL Olivenöl,
20 schwarze Oliven (ohne Stein), je 1 EL gehackter Rosmarin
und Thymian, 350–400 g Rotbarschfilet (ohne Haut),
Pfeffer aus der Mühle

1   Die Spaghetti nach Packungsanweisung in kochendem Salzwasser bissfest garen.

2   Die Tomaten kreuzweise einritzen, überbrühen, häuten, halbieren und entkernen. Das Fruchtfleisch in dünne Spalten schneiden. Die Möhren putzen, schälen und in dünne Scheiben schneiden. Die Schalotten schälen und in feine Würfel schneiden. Die Frühlingszwiebeln putzen, waschen und in feine Ringe schneiden. Die Petersilie waschen, trocken schütteln und die Blätter abzupfen.

3   In einem Topf 1 EL Olivenöl erhitzen und die Schalotten darin bei mittlerer Hitze andünsten. Die Möhren, Frühlingszwiebeln, Tomaten, Oliven, den Rosmarin und den Thymian dazugeben und kurz mitdünsten. Mit 3 bis 4 EL Wasser ablöschen und das Gemüse weitere 5 Minuten garen.

4   Das Rotbarschfilet waschen, trocken tupfen, in 3 gleich große Stücke teilen und mit Salz würzen. Das restliche Olivenöl in einer Pfanne erhitzen und die Fischfilets darin bei mittlerer Hitze auf jeder Seite 3 Minuten braten. Die Pfanne vom Herd nehmen und den Fisch mit zwei Gabeln in mundgerechte Stücke teilen. Die Fischstücke unter das Gemüse mischen.

5   Die Spaghetti in ein Sieb abgießen und tropfnass mit der Petersilie unter die Fisch-Gemüse-Mischung heben. Mit Salz und Pfeffer abschmecken und auf tiefe Teller verteilen. Dazu passen in der Pfanne geröstete Baguettescheiben. Schmeckt auch kalt als Nudelsalat.

Rotbarsch-Curry
in Gemüse-Kokos-Sauce

Zutaten für 4 Personen

400 g Rotbarschfilet (ohne Haut), 1 kleine Fenchelknolle, 1 Möhre,
1 rote Paprikaschote, 3 Frühlingszwiebeln, 1 rote Chilischote,
2 Knoblauchzehen, 2 EL Butterschmalz, 4 Lorbeerblätter,
1 EL Currypulver (z.B. »Anapurna«), 1 EL Noilly Prat (franz. Wermut),
1 Stängel Zitronengras, 400 ml Kokosmilch, 1 unbehandelte Limette,
Salz, Zucker

1 Das Rotbarschfilet waschen, trocken tupfen und in Würfel schneiden.

2 Den Fenchel putzen, waschen und in Stücke schneiden. Die Möhre putzen, schälen und in Scheiben schneiden. Die Paprikaschote längs halbieren, entkernen, waschen und mit dem Sparschäler schälen. Die Hälften in kleine Würfel schneiden. Die Frühlingszwiebeln putzen, waschen und in Ringe schneiden. Die Chilischote längs halbieren, entkernen, waschen und fein hacken. Den Knoblauch schälen und in feine Würfel schneiden.

3 Das Butterschmalz in einer tiefen Pfanne erhitzen. Das vorbereitete Gemüse und die Lorbeer- blätter darin bei mittlerer Hitze andünsten. Das Currypulver dazugeben und kurz mitdüns- ten. Den Noilly Prat und 3 EL Wasser hinzufügen und das Gemüse etwa 3 Minuten garen.

4 Vom Zitronengras die äußeren Blätter entfernen. Den Stängel längs ein-, aber nicht ganz durchschneiden. Das Zitronengras und die Kokosmilch zum Gemüse geben. Die Limette heiß waschen, trocken reiben, halbieren und den Saft auspressen. Den Limettensaft und die -hälf- ten zum Gemüse geben und etwa 10 Minuten köcheln lassen.

5 Das Zitronengras, die Limettenhälften und die Lorbeerblätter wieder entfernen. Das Curry mit Salz und Zucker abschmecken. Das Fischfilet in die Currysauce legen und etwa 10 Minu- ten gar ziehen lassen. Dazu passt Basmatireis.

Ganzer Rotbarsch
in der Salzkruste

Zutaten für 2 Personen

Für den Rotbarsch: 1 Rotbarsch (à 800–1000 g; küchenfertig), 1 Bund Dill, 6 Stiele Petersilie, 1 Zitronenscheibe, 2 kg Meersalz, 4 Eiweiß
Für die Sauce: 2 Eigelb, Saft von ½ Orange, 100 g kalte Butter, Salz, Pfeffer aus der Mühle

1 Den Backofen auf 200 °C vorheizen. Für den Rotbarsch den Fisch innen und außen waschen und trocken tupfen. Die Kräuter waschen und trocken schütteln. Die Kräuter und die Zitronenscheibe in die Bauchhöhle des Rotbarschs geben. Das Meersalz und die Eiweiße in einer Schüssel verrühren.

2 Ein Backblech mit Backpapier auslegen und die Hälfte der Salzmasse daraufgeben. Den Rotbarsch darauflegen, mit dem restlichen Salz bedecken und dabei das Salz so andrücken, dass die Form des Fisches zu erkennen ist. Den Rotbarsch im Ofen auf der mittleren Schiene etwa 30 Minuten garen.

3 Für die Sauce die Eigelbe und den Orangensaft in einem kleinen Topf mit dem Schneebesen verrühren und bei schwacher Hitze schaumig schlagen. Nach und nach die kalte Butter in kleinen Stücken dazugeben und so lange weiterschlagen, bis eine homogene Sauce entstanden ist. Die Sauce mit Salz und Pfeffer abschmecken.

4 Den Rotbarsch herausnehmen, die Salzkruste aufschlagen und die Fischfilets von Haut und Gräten lösen. Mit der Sauce auf Tellern anrichten. Dazu passen Salzkartoffeln.

Saibling

Salvelinus

Familie: Salmonidae (Lachsfische)

Größe: bis zu 30 cm

Alter: bis zu 30 Jahre

Lebensraum: Seen mit kaltem, klarem Wasser auf der gesamten Nordhalbkugel

Verwendung in der Küche: Der Saibling wird wie eine Forelle zubereitet. Besonders gut schmecken die rosafarbenen Fischfilets in Mehl gewendet und gebraten. Alternativ kann man den Fisch dünsten oder grillen.

Der Seesaibling wird oft unter Wert verkauft. Er hat ein zartes, feines Fleisch und gehört zu den besten Süßwasserfischen überhaupt. Deswegen lieben ihn nicht nur Sterne-Köche.

Mein schönstes Angelerlebnis hatte ich an einem Ort, der überhaupt nicht nach Poesie klingt: am Baggersee von Hemmoor. Ganz früh fuhr ich hinaus in die frische Kälte des Morgens, ganz still lag der See da, als schlafe er noch, ganz klar war das Wasser, so klar, dass man einen Heiermann auf dem Grund hätte sehen können – so nannte das Volk früher das Fünfmarkstück. Es war eine Stimmung wie in dem berühmten Gedicht von Theodor Fontane, das ich vor mich hinsummte: »Ich treibe auf den Fluten/Erfüllt von heitrer Ruh/Und schau dem Spiel der Lüfte/Dem Tanz der Wellen zu.« Und dann biss ein kapitaler Seesaibling an, ein Prachtbursche, den ich mit einem lachenden und einem weinenden Auge aus dem Wasser zog. Denn so leid es mir um sein Leben tat, so wenig wollte ich auf den Genuss dieses wunderbaren Fisches verzichten. Allein die Farbe seines Fleisches, dieses unvergleichliche Zartrosa! Und erst der Geschmack, der das Beste aus Forelle und Lachs in sich vereint! Für mich ist der Seesaibling der stille Superstar der Küche.

Kein anderer Süßwasserfisch ist so weit in arktische Flüsse und
Seen vorgedrungen wie der Seesaibling. Er hat es gerne bitter-
kalt und stellt höchste Ansprüche an die Qualität des Wassers.
Sauber muss es sein, klar und sauerstoffreich.

Solche Bedingungen findet er in Skandinavien, Alaska oder Kanada häufig, in Deutschland aber extrem selten. Zum Glück gibt es den Kreidesee von Hemmoor bei Cuxhaven. Hier fühlt sich der Seesaibling so wohl wie am Polarkreis.

Seit 20 Jahren züchten Monika und Horst Pöpke in Hemmoor Seesaiblinge – keine Massenware, die mit Kraftfutter und Anti- biotika vollgepumpt wird, sondern Fische von so überragender Qualität, dass sie die besten Restaurants in Deutschland belie- fern. Der Seesaibling ist endlich in der Haute Cuisine ange- kommen. Und genau da gehört er auch hin.

Ein Aristokrat im Baggersee

Der Baggersee von Hemmoor ist ein Glücksfall für den Saibling. Lange baute hier ein Zementwerk Kreide ab. Nach seiner Schließung lief die 60 Meter tiefe Grube mit Grund- wasser voll – und es schlug die Stunde von Horst und Monika Pöpke. Sie erkannten, dass das elf Fußballfelder große Gewässer ideal für die Zucht von Saiblingen ist, die klares, kaltes, mineralienreiches Wasser lieben: Der Hem- moorer See ist sehr jung, deswegen hat sich noch kaum wassertrübendes, organisches Material in ihm abgelagert. Seine Tiefe garantiert niedrige Temperaturen, und die Krei- de sättigt ihn mit Mineralien. Außerdem wird er nicht zum Baden, sondern nur von Tauchern genutzt. Und schließlich setzten die Pöpkes Flusskrebse aus, die wie die Ameisen des Wassers den See reinigen.

Die Qualität der Saiblinge aus Hemmoor ist legendär. Viele Sterne-Restaurants, in denen dieser feine Fisch eine prominente Rolle spielt, lassen sich von Pöpkes beliefern. Und bei Saiblingsanglern ist Hemmoor so etwas wie der Garten Eden auf Erden. Allerdings ist nur Fliegenfischen erlaubt, die Königsdisziplin des Angelns. Das gehöre sich auch so, sagt Monika Pöpke, schließlich verdiene der Saib- ling keine andere als eine solch würdevolle Behandlung.

Saibling-Sashimi
mit Himbeersauce

Zutaten für 4 Personen

200 g sehr frisches Saiblingsfilet (ohne Haut), Salz, 2 Frühlingszwiebeln, 4 EL Vinaigre de framboise (dickflüssiger Himbeeressig)

1 Das Saiblingsfilet waschen, trocken tupfen und in hauchdünne Scheiben schneiden. Nach
Belieben zwischen zwei Lagen Frischhaltefolie legen und mit dem Messerrücken noch etwas
flacher streichen. Auf vier Tellern anrichten und mit Salz würzen.

2 Die Frühlingszwiebeln putzen, waschen und in sehr feine Ringe schneiden. Die Frühlingszwiebeln und den Vinaigre de framboise zu dem Saibling-Sashimi servieren.
Rezeptfoto rechts

Saiblingsröllchen
mit Lachsfüllung

Zutaten für 4 Personen

4 Saiblingsfilets (à 80–100 g; ohne Haut), Salz, Pfeffer aus der Mühle,
200 g Lachsfilet, 8 Salbeiblätter, 6 EL Olivenöl, 2–3 EL Zitronensaft

1 Die Saiblingsfilets waschen, trocken tupfen und längs halbieren. Mit Salz und Pfeffer würzen
und nebeneinander auf die Arbeitsfläche legen. Das Lachsfilet waschen, trocken tupfen und
in 8 kleine Stücke schneiden. Die Salbeiblätter mit Küchenpapier trocken abreiben und mit
den Lachsstücken auf die Fischfilets legen. Aufrollen und mit Holzstäbchen feststecken.

2 Das Olivenöl in einer Pfanne erhitzen und die Fischröllchen darin bei mittlerer Hitze 3 bis
4 Minuten braten, dabei immer wieder mit Bratfett beträufeln. Kurz vor dem Servieren mit
dem Zitronensaft beträufeln. Die Röllchen mit Baguette und Winzersekt servieren.

Kräuter-Saiblingsfilet
auf Meersalz

Zutaten für 4 Personen

4 Saiblingsfilets (à 80–100 g; ohne Haut), je ½ Bund Salbei, Rosmarin
und Thymian, 1 walnussgroßes Stück Ingwer, 1 Knoblauchzehe,
1 unbehandelte Zitrone, 1 kg Meersalz, Olivenöl

1 Die Saiblingsfilets waschen und trocken tupfen. Die Kräuter waschen und trocken schütteln.
Ingwer und Knoblauch schälen und in feine Scheiben schneiden. Die Zitrone heiß waschen,
trocken reiben und in dünne Scheiben schneiden.

2 Das Salz in eine tiefe Pfanne geben. Kräuter, Zitronenscheiben, Ingwer und Knoblauch
darauf verteilen. Etwa 400 ml Wasser dazugießen, damit das Salz nicht anbrennt. Die Fischfilets darauflegen und zugedeckt bei schwacher Hitze 7 bis 8 Minuten gar ziehen lassen.

3 Die Fischfilets mit Olivenöl beträufeln und auf dem Salz servieren. Dazu passt Basmatireis.
Rezeptfoto rechts

Saiblingsklößchen
mit Weißwein-Sahne-Sauce

Zutaten für 4 Personen

Für die Saiblingsklößchen: 400 g Saiblingsfilet (ohne Haut),
300 g Sahne (eisgekühlt), 100 g Crème fraîche (eisgekühlt), Salz,
Cayennepfeffer, Zitronensaft
Für die Weißwein-Sahne-Sauce: 300 ml Weißwein (z.B. Riesling),
250 g Sahne, 50 g weiche Butter, 3 EL Mehl, 2 EL gehackte Petersilie

1 Für die Saiblingsklößchen die Fischfilets waschen und trocken tupfen. Mit Sahne und Crème
fraîche in den Blitzhacker geben, mit Salz und Cayennepfeffer kräftig würzen und sehr fein
pürieren. Mit Zitronensaft abschmecken.

2 Aus der Mousse mithilfe von zwei Esslöffeln kleine Klößchen formen und in leicht siedendem
(nicht kochendem!) Salzwasser 8 Minuten gar ziehen lassen.

3 Für die Sauce den Wein in einem Topf etwas einkochen lassen. Die Sahne dazugießen und
alles auf zwei Drittel einköcheln lassen. Die Butter und das Mehl verkneten und die Sauce
damit nach und nach binden. Die Saiblingsklößchen und die Petersilie in die Sauce geben
und kurz ziehen lassen. Dazu schmecken Butternudeln oder Basmatireis.

Gebratenes Saiblingsfilet
mit Spinat und Bohnenpüree

Zutaten für 4 Personen

200 g getrocknete weiße Bohnen, 4 Saiblingsfilets (à 80–100 g;
mit Haut), Salz, 500 g Blattspinat, 1 Schalotte, 1 EL Butter,
Pfeffer aus der Mühle, frisch geriebene Muskatnuss, 2–3 EL Sahne,
Zitronensaft, 2½ EL Olivenöl

1   Am Vortag die Bohnen in kaltem Wasser einweichen. Am nächsten Tag im Einweichwasser
    etwa 1 Stunde bei schwacher Hitze garen.

2   Inzwischen die Saiblingsfilets waschen und trocken tupfen, die Haut mehrmals einritzen,
    damit sie sich beim Braten nicht zusammenzieht. Mit Salz würzen.

3   Den Blattspinat verlesen und waschen, grobe Stiele entfernen. Den Spinat gut abtropfen las-
    sen. Die Schalotte schälen und in feine Würfel schneiden. Die Butter in einem Topf erhitzen
    und die Schalotte darin andünsten. Den Spinat dazugeben und zusammenfallen lassen. Mit
    Salz, Pfeffer und Muskatnuss würzen.

4   Die Bohnen in ein Sieb abgießen, abtropfen lassen und in eine Schüssel geben. Mit dem
    Stabmixer pürieren. Die Sahne unterrühren. Mit Salz, 1 Spritzer Zitronensaft und 1 TL Oli-
    venöl abschmecken.

5   Das übrige Olivenöl in einer Pfanne erhitzen und die Saiblingsfilets darin auf der Hautseite
    etwa 2 Minuten anbraten. Wenden und bei schwacher Hitze weitere 2 Minuten fertig braten.
    Die Saiblingsfilets, den Spinat und das Bohnenpüree nebeneinander auf Tellern anrichten.

Gebratenes Saiblingsfilet
mit Tomaten und Passionsfrucht

Zutaten für 4 Personen

4 Saiblingfilets (à 80–100 g; mit Haut), Salz, 500 g Tomaten, 2 Passionsfrüchte, 4 EL Olivenöl, Himbeeressig, Pfeffer aus der Mühle, Zucker

1   Die Saiblingsfilets waschen und trocken tupfen, die Haut mehrmals einritzen, damit sie sich beim Braten nicht zusammenzieht. Mit Salz würzen.

2   Die Tomaten waschen, vierteln und die Stielansätze entfernen. Die Passionsfrüchte halbieren und das Fruchtfleisch mit den Kernen herauslösen. In einer Pfanne 2 EL Olivenöl erhitzen und die Tomaten darin andünsten. Das Passionsfruchtfleisch unterrühren und 2 bis 3 Minuten mitdünsten. Mit Himbeeressig, Salz, Pfeffer und Zucker würzen.

3   Das restliche Olivenöl in einer Pfanne erhitzen. Die Fischfilets darin auf der Hautseite etwa 2 Minuten anbraten. Wenden und bei schwacher Hitze weitere 2 Minuten fertig braten. Die Tomaten-Passionsfrucht-Mischung auf Teller geben und die Fischfilets darauf anrichten.
Rezeptfoto rechts

Gegrillter Saibling
auf Salat mit Orangenvinaigrette

Zutaten für 4 Personen

Für den Saibling: 4 Saiblinge (à 300 g; küchenfertig), 4 EL Olivenöl, abgeriebene Schale und Saft von 1 unbehandelten Limette, Salz
Für den Salat: 100 g Feldsalat, 100 g Radicchio, 1 Mini-Romanasalat, 100 g Endiviensalat, ¼ l frisch gepresster Orangensaft, 3 EL Olivenöl, 3 EL Nussöl, Salz, Pfeffer aus der Mühle, Aceto balsamico

1   Für den Saibling die Fische innen und außen waschen und trocken tupfen. Das Olivenöl mit der Limettenschale und dem -saft verrühren. Die Fische damit bestreichen und 30 Minuten ziehen lassen.

2   Für den Salat die Blattsalate putzen, waschen und trocken schleudern, größere Blätter in Stücke zupfen. Den Orangensaft erhitzen und auf 3 bis 4 Esslöffel einkochen. Beide Öle hinzufügen und unterrühren. Mit wenig Salz, Pfeffer und Essig würzen. Beiseitestellen.

3   Die Saiblinge in Fischzangen klemmen und auf dem heißen Grill 10 bis 15 Minuten grillen, mehrmals wenden. Sie sind gar, wenn sich die Rückenflosse leicht herausziehen lässt. Die Fische vom Grill nehmen und mit Salz würzen. Die Vinaigrette über den Salat geben und vorsichtig untermischen. Auf Teller verteilen und die Saiblinge auf dem Salat anrichten.

Schellfisch

Melanogrammus aeglefinus

Familie: Gadidae (Dorsche)
Größe: bis zu 100 cm
Alter: bis zu 20 Jahre
Lebensraum: Nordatlantik, Nordsee, Ostsee
Verwendung in der Küche: Das feine weiße Fleisch des grätenarmen Schellfischs lässt sich sehr gut braten, dünsten oder pochieren. Schellfische werden im Ganzen, als Filet und geräuchert angeboten.

Der Fischhändler meines Vertrauens heißt Hummer Pedersen in Hamburg, ein Traditionsbetrieb direkt an der Elbe mit einem Sortiment wie aus einem maritimen Schlaraffenland. Was immer ich zum Kochen aus dem Meer brauche – Pedersen hat es in bester Qualität. Ein vertrauensvoller Fischhändler ist so lebenswichtig wie ein guter Zahnarzt. Und da ich mich auf Pedersen hundertprozentig verlassen kann, setze ich mich immer sofort ins Auto, wenn sie anrufen und sagen, sie hätten heute besonders guten Schellfisch für mich. Für einen exzellenten Schellfisch lasse ich nämlich alles liegen und stehen, denn sein zartes, feines, schneeweißes, fast grätenloses Fleisch schmilzt auf der Zunge wie ein atlantisches Sorbet. Es enthält nahezu kein Fett, dafür umso mehr Eiweiß, ist also ideal für alle, die auf ihre Linie achten, und schmeckt noch eine Spur feiner als das Fleisch des Kabeljaus. Vielleicht liegt das daran, dass der Schellfisch im Gegensatz zu seinem räuberischen Cousin ein freundlicher, friedliebender Geselle ist, der gerne in Schwärmen lebt und in aller Gemütsruhe seine Krebse, Würmer und Muscheln frisst.

Das Ritual des Fischbrötchens

Wenn Hummer Pedersen anruft, beginnt mein heiliges Ritual. Ich fahre frühmorgens nach Hamburg und hole mein Paket mit Fisch ab, auf dem – komme, was wolle – immer ein Fischbrötchen als Frühstück liegt. Danach gehe ich bei Wind und Wetter zu meinem Lieblingsplatz neben der Fischauktionshalle und esse mein Brötchen mit Blick auf Dock 11 des Hamburger Hafens. Dann bin ich, der Sohn einer Hamburger Mutter und Hamburger im tiefsten Herzen, so glücklich wie Käpt'n Blaubär. Und dann schwöre ich mir, dass ich niemals auf dem Land begraben sein werde, auch wenn ich jetzt im Alten Land vor den Toren Hamburgs lebe. Wenn ich tot bin, soll ja kein Trecker an meinem Grab vorbeiknattern.

Der Schellfisch ist ein naher Verwandter des Kabeljaus. Er hat ein außergewöhnlich zartes, feines, blütenweißes Fleisch und gleichzeitig kaum Gräten. Deswegen wird er auch besonders gern zu Fischfilets verarbeitet.

Schellfischfilet
auf Thaispargel und Babymais

Zutaten für 4 Personen

1 Schellfisch (ca. 800 g; vom Fischhändler filetiert), Salz,
800 g Thaispargel, 200 g Babymaiskolben, 2 Bund Frühlingszwiebeln,
2 EL Butter, 2 EL Sojasauce, Zucker

1 Die Schellfischfilets waschen, trocken tupfen, jeweils einmal durchschneiden und mit Salz würzen.

2 Den Thaispargel waschen und die holzigen Enden abschneiden. Die Maiskolben putzen, waschen und längs halbieren. Die Frühlingszwiebeln putzen und waschen, das dunkle Grün entfernen.

3 Die Butter in einer großen Pfanne erhitzen, das Gemüse dazugeben und zugedeckt bei mittlerer Hitze etwa 4 Minuten dünsten. Die Schellfischfilets darauflegen, 2 EL Wasser, die Sojasauce und 1 Prise Zucker dazugeben und die Fischfilets 4 bis 5 Minuten zugedeckt garen.

4 Das Gemüse auf Teller verteilen und die Fischfilets darauf anrichten. Dazu passt Basmatireis.

Schellfisch aus dem Ofen
auf Tomaten, Kartoffeln und Kräutern

Zutaten für 4 Personen

1 Schellfisch (ca. 1 kg; küchenfertig; ohne Kopf und Schwanz), Salz,
Pfeffer aus der Mühle, 3 große Fleischtomaten, 3 große festkochende
Kartoffeln, je 1 Bund Rosmarin, Salbei und Thymian, 4 EL Olivenöl

1 Den Backofen auf 160 °C vorheizen. Den Schellfisch innen und außen waschen, trocken tupfen und mit Salz und Pfeffer würzen. Die Tomaten waschen und quer in Scheiben schneiden,
dabei die Stielansätze entfernen. Die Kartoffeln schälen, waschen und in dünne Scheiben
schneiden. Die Kräuter waschen und trocken schütteln.

2 Die Kartoffeln, die Tomaten und die Kräuter auf einem Backblech verteilen und mit Salz
würzen. Den Schellfisch darauflegen und mit 3 EL Olivenöl beträufeln. Den Schellfisch im
Ofen auf der mittleren Schiene etwa 30 Minuten garen.

3 Den Fisch herausnehmen, filetieren und mit den Ofentomaten und -kartoffeln auf Tellern
anrichten. Mit dem restlichen Olivenöl beträufeln und servieren. *Rezeptfoto rechts*

Schellfischfilet
auf Tomatenbett

Zutaten für 4 Personen

4 Schellfischfilets (à 200 g; mit Haut), Salz, 10 Tomaten, 5 Knoblauchzehen, 40 g gehackte gemischte Kräuter (Thymian, Rosmarin, Salbei
und Petersilie), 5 EL Olivenöl, 1 TL Zucker, Pfeffer aus der Mühle

1 Den Backofen auf 180 °C vorheizen. Die Schellfischfilets waschen, trocken tupfen und die
Haut zweimal einschneiden. Die Filets mit Salz würzen.

2 Die Tomaten kreuzweise einritzen, überbrühen, häuten, vierteln und entkernen. Das Fruchtfleisch in Würfel schneiden. Den Knoblauch schälen und in Scheiben schneiden. Die Tomaten in eine Auflaufform geben. Die Kräuter, den Knoblauch und das Olivenöl dazugeben und
mit Salz, Zucker und Pfeffer würzen. Die Schellfischfilets mit der Haut nach oben daraufsetzen und im Ofen auf der mittleren Schiene etwa 15 Minuten garen.

3 Die Form aus dem Ofen nehmen und die Fischfilets mit dem Tomatengemüse auf Tellern
anrichten. Nach Belieben mit Brot oder Kartoffelstampf (siehe S. 62) servieren.

Pochiertes Schellfischfilet
mit violettem Kartoffelpüree

Zutaten für 4 Personen

Für das Kartoffelpüree: 600 g violette Kartoffeln, Salz,
125 ml Milch, 125 g Sahne, 3 EL Butter, Pfeffer aus der Mühle,
frisch geriebene Muskatnuss
Für den Schellfisch: 1 Schellfisch (à 800 g; vom Fischhändler filetiert),
Salz, ¼ l Weißwein, 5 Pfefferkörner, 1 Lorbeerblatt
Für die dunkle Senfsauce: 200 g Naturjoghurt, 2 EL dunkler Senf
(ABB-Senf), 1 EL Butter, Zitronensaft, Salz, Zucker

1 Für das Kartoffelpüree die Kartoffeln schälen, waschen und in Salzwasser etwa 20 Minuten weich garen.

2 Für den Schellfisch die Fischfilets waschen, trocken tupfen, jeweils einmal durchschneiden und mit Salz würzen. Den Wein, ¼ l Wasser, die Pfefferkörner, das Lorbeerblatt und etwas Salz in eine große Pfanne geben und erhitzen. Die Fischfilets hineinlegen (sie sollen mit der Flüssigkeit leicht bedeckt sein) und zugedeckt bei mittlerer Hitze 4 bis 5 Minuten garen.

3 Für die Senfsauce den Joghurt, den Senf und die Butter in einen Topf geben, verrühren und leicht erhitzen. Die Sauce darf nicht kochen, sonst flockt sie aus. Mit 1 Spritzer Zitronensaft, Salz und 1 Prise Zucker abschmecken.

4 Die Milch mit der Sahne in einem kleinen Topf erhitzen und die Butter darin zerlassen. Die Kartoffeln abgießen, ausdampfen lassen und durch die Kartoffelpresse drücken. Die Milch-Sahne-Mischung zu der Kartoffelmasse geben und alles zu einem lockeren Püree verrühren. Mit Salz, Pfeffer und Muskatnuss abschmecken.

5 Aus dem Püree mit zwei Esslöffeln Nocken abstechen und auf Teller verteilen. Die Schellfischfilets aus der Pfanne heben, etwas abtropfen lassen und daneben anrichten. Mit der Sauce servieren.

Schleie

Tinca tinca

Familie: Cypriniformes (Karpfenfische)

Größe: 20 bis 70 cm

Alter: bis zu 20 Jahre

Lebensraum: Teiche, Seen und langsam fließende Flüsse in ganz Europa

Verwendung in der Küche: Schleien kann man gebraten, gedünstet oder gekocht auf den Tisch bringen. Und zwar im Ganzen sowie in Form von Filets. Auch geräucherte Schleien schmecken vorzüglich.

Das Schicksal der Schleie gehört zu den traurigsten Geschichten, die man über deutsche Süßwasserfische erzählen kann – und zu den ungerechtesten dazu. Denn kein anderer Fisch wird so sehr unterschätzt und so schlecht behandelt wie die Schleie, die noch in der Zeit unserer Eltern und Großeltern ein hochgeschätzter Massenfisch in ganz Deutschland und halb Europa war. Heute kennt sie kaum noch jemand, obwohl sie nicht teuer, vergleichsweise leicht zu züchten und natürlich immer noch so schmackhaft wie seit Jahrtausenden ist. Ihr festes Fleisch vereint alles Gute, Schöne und Wahre aus Forelle und Karpfen. Es ist zart und doch kraftvoll, fein und trotzdem bodenständig, dezent, doch kein bisschen fade. Jeder Fischliebhaber, der einmal in seinem Leben eine Schleie gegessen hat, wird nie wieder nach einem Karpfen verlangen. Das garantiere ich.

Beinahekatastrophe unterm Weihnachtsbaum

Nicht nur wegen ihres großartigen Geschmacks verbinde ich mit der Schleie unvergessliche Erlebnisse. Sie hat mir auch fast einmal das Weihnachtsfest verhagelt. Vor Jahren kaufte ich eine lebende Schleie, schaffte sie in einem Einer nach Hause und unterschätzte vollkommen das feurige Temperament dieses Tieres: Die Schleie hüpfte aus ihrem Eimer, sprang durch die gesamte Wohnung und hinterließ in allen Zimmern eine dicke Schleimspur. Ich raste hinter ihr her, ohne sie fassen zu können, rutschte aus und warf im Fallen um ein Haar den Weihnachtsbaum um. Immerhin konnte ich mich damit trösten, dass der Schleim ein gutes Zeichen war, denn nur ganz frische Schleien sind so schön glitschig. Nach einer langen Verfolgungsjagd erwischte ich meine Schleie dann doch noch. Ein gezielter Schlag mit einer Flasche beförderte sie ins Jenseits und bald darauf auf unsere Teller. Sie war ein Gedicht – und das Weihnachtsfest gerettet.

Der kleine Cousin des Karpfens, der viel schüchterner ist, aber besser schmeckt als seine Verwandtschaft: Die Schleie wird als Speisefisch chronisch unterschätzt. Fischzüchter Gunnar Reese und seine Mitarbeiter wissen die Delikatesse noch zu würdigen.

Die raue Poesie des Nordens: Wenn der Wind über die Seen Schleswig-Holsteins heult und sich die Büsche ächzend biegen, wenn man fast weggeweht wird wie ein unfreiwilliger Fliegender Robert aus dem »Struwwelpeter«, dann kann man seinen Kopf so gründlich lüften, dass man sich danach wie frisch gewaschen fühlt – wenn nicht gleich wie neugeboren.

Wunderfisch in Teich und Tümpel

Die Schleie hat ihren Namen von der Schleimschicht auf der dicken Haut, die antibakteriell wirkt, das Wachstum von schädlichen Pilzen verhindert und nicht nur den Fisch selbst, sondern auch seine Brut schützt. Und mehr noch: In Großbritannien nennt man die Schleie auch »Doctor fish«, weil der Schleim bei Menschen Fieber, Kopfschmerzen und sogar Gelbsucht kurieren soll. Auch sonst hat dieser Wunderfisch ganz erstaunliche Eigenschaften. Er kann bei starker Hitze oder Kälte erstarren, seinen Kreislauf also selbst lahmlegen und so extremen Sauerstoffmangel für kurze Zeit unbeschadet überstehen. Aus diesem Grund fühlt sich die Schleie selbst in trüben, zugewachsenen Tümpeln wohl, in denen andere Fische niemals überleben würden. Am liebsten versteckt sie sich in der Vegetation am Ufer, in Krautbänken oder zwischen Seerosen, und verharrt tagsüber reglos im Dickicht, immer auf der Hut vor Kormoranen und anderen Vögeln, die Schleien genauso schätzen wie wir Feinschmecker.

Von der Volksleibspeise zum Exoten

Als es noch überall in Europa Tausende solcher natürlichen, unverbauten Tümpel und Teiche gab, war die Schleie ein Grundnahrungsmittel. Doch dann wurden immer mehr Ufer befestigt, Kanalisationen gebaut, Gewässer trockengelegt und Flure bereinigt. Der Lebensraum der Schleie schrumpfte drastisch, und der Fisch erlebte einen rasanten Abstieg von der Volksleibspeise zum Exoten für Kenner. Auch die Züchter interessierten sich nicht für die Schleien, weil sie wesentlich langsamer wachsen als zum Beispiel Karpfen. Nach vier, fünf Jahren sind sie gerade einmal 800 Gramm schwer, während ein Karpfen schon acht Kilo auf die Waage bringt. Dass dieses langsame Wachstum für das fantastische feste Fleisch der Schleien verantwortlich ist, mag ein starkes Argument für Gourmets sein. Die wirtschaftlichen Zwänge aber sind stärker.

Zum Glück gibt es noch Menschen wie Gunnar Reese, die sich solchem Druck nicht beugen. Reese führt in der vierten Generation eine Fischzucht bei Neumünster in Schleswig-Holstein und denkt gar nicht daran, der Schleie die Treue aufzukündigen. Er hat 25 verschiedene Süßwasserfische in seinen Teichen, von Zander und Hecht über Barsch und Forelle bis zum Moderlieschen, einem winzigen Weißfisch, der nicht gegessen wird, aber eine wichtige Rolle bei Renaturierungen spielt. Und natürlich ist in Reeses Karpfenteichen immer auch für Schleien Platz.

Gerade einmal eine Handvoll hauptberuflicher Binnenfischer und Fischzüchter gibt es noch in Schleswig-Holstein. Doch ihre Zukunft ist ungewiss. Wenn es sie eines Tages nicht mehr geben sollte, wird wohl auch die Schleie verschwinden, die vor ein paar Jahrzehnten noch zu den Leibspeisen ganzer Völker gehörte. Und dann werden die Fischfeinschmecker am lautesten wehklagen.

Die Letzten ihrer Zunft

Gunnar Reese ist Fischzüchter und Binnenfischer mit Leib und Seele – und einer der Letzten seiner Zunft. Wenn ich durch die herrlichen Landschaften Schleswig-Holsteins fahre, schaudert es mich bei dem Gedanken, dass es in 20, 30 Jahren wahrscheinlich niemanden mehr wie Gunnar Reese geben wird. Denn erst die Fischer und Züchter veredeln diese idyllische Welt aus Wiesen und Seen, Bächen und Buchten, saftigem Grün und tiefem Blau unter einem unendlichen, befreienden Himmel zu einer wahren Kulturlandschaft. Vielleicht zwei Dutzend Teichwirtschaften und 20 aktive Binnenfischer haben hier im Norden überlebt. Wenn auch sie aufgeben müssen, wird eine jahrtausendealte Tradition verschwinden, ein kulturelles Erbe, auf das zumindest ich nicht verzichten möchte. Deswegen kaufe ich meinen Züchtern so gerne die Teiche leer, selbst wenn mir klar ist, dass ich allein niemanden damit retten werde. Die größte Bedrohung dieses aussterbenden Berufs sind nicht einmal die industriellen Aquakulturen, sondern unsinnige Umweltschutzbestimmungen. Reese und seine Kollegen können sie schon deswegen nicht verstehen, weil sie sich gleichermaßen als Naturnutzer und Naturschützer, als Bewahrer und nicht als Plünderer einer Kulturlandschaft sehen.

Scheue Fische für ambitionierte Angler

Übereifrige Naturschützer sehen das allerdings ganz anders und werfen den Züchtern Knüppel zwischen die Beine. Reese muss zum Beispiel Eisengitter vor seine Reusen montieren, damit sich kein einziger der wieder angesiedelten Otter in den Fischfallen verfängt und ertrinkt. So kann Reese aber auch keine Fische mehr fangen. Dabei habe das Zusammenleben von Ottern und Fischern früher gut funktioniert, sagt der Züchter. Das Verschwinden der Otter sei nicht die Schuld der Fischer gewesen, und überhaupt seien viel mehr Otter von Autos überfahren worden, als in den Reusen ertrunken.

Noch aber gibt es Fischzuchten, noch gibt es Schleien, und wir sollten nicht klagen, sondern sie genießen – nicht nur als Angler, an die Reese 90 Prozent seiner Schleien verkauft, weil die scheuen Tiere für Petrijünger eine besondere Herausforderung sind. Nur zehn Prozent seiner Kunden sind Fischliebhaber wie ich, die für eine schöne Schleie ein halbes Himmelreich hergeben – unter einer Bedingung: Vorher lasse ich sie von einem Profi schlachten, damit sie nicht wieder durchs Haus hüpft.

Pochiertes Schleienfilet

Zutaten für 4 Personen

¼ Knollensellerie, 2 Möhren, 1 Bund Frühlingszwiebeln, 1 l Gemüsebrühe, 200 ml Weißwein, 2 EL Noilly Prat (franz. Wermut),
1 EL Pernod (franz. Anisschnaps), Salz, 4 Schleienfilets (à 150 g;
ohne Haut), 1 EL Butter, Pfeffer aus der Mühle, Zitronensaft

1   Den Sellerie und die Möhren putzen und schälen, die Frühlingszwiebeln putzen und
    waschen. Das Gemüse in feine Streifen schneiden.

2   Die Brühe und den Wein in einen Topf geben. Den Noilly Prat, den Pernod und etwas Salz
    dazugeben und aufkochen. Die Schleienfilets waschen und trocken tupfen. Den Fisch und
    das Gemüse in den Sud geben und bei schwacher Hitze 7 bis 8 Minuten garen.

3   Die Fischfilets in tiefe Teller verteilen. Die Butter unter den Sud rühren und mit Salz,
    Pfeffer und Zitronensaft abschmecken. Den Sud mit dem Gemüse über den Fisch geben.
    Rezeptfoto rechts

Schleienfilet im Mangoldmantel

Zutaten für 4 Personen

600 g Mangold, 4 Schleienfilets (à 150 g; ohne Haut), Salz, Pfeffer
aus der Mühle, 4 Tomaten (gehäutet und gewürfelt), ½ l Gemüsebrühe,
300 g Sahne, 70 g Butter, 1 EL Tomatenmark, Cayennepfeffer, Zucker,
3 EL Mehl

1   Den Backofen auf 180 °C vorheizen. Den Mangold waschen. Die Mangoldstiele abschneiden
    und in kleine Stücke schneiden. Die Blätter kurz blanchieren, kalt abschrecken und gut tro-
    cken tupfen. Je 2 bis 3 Blätter überlappend nebeneinanderlegen.

2   Die Schleienfilets waschen, trocken tupfen und mit Salz und Pfeffer würzen. Je 1 Filet auf
    die Mangoldblätter legen, die Tomaten darauf verteilen und beides in die Mangoldblätter
    einwickeln. Die Brühe und 250 g Sahne in eine Auflaufform gießen und die Mangoldpäck-
    chen hineinlegen. Im Ofen auf der mittleren Schiene 12 bis 15 Minuten garen.

3   Die Mangoldstiele in 2 EL Butter andünsten. Das Tomatenmark dazugeben und kurz mit-
    dünsten. Mit Salz und Pfeffer würzen, die restliche Sahne angießen und 8 bis 10 Minuten
    köcheln lassen. Mit Cayennepfeffer und 1 Prise Zucker abschmecken.

4   Die Päckchen aus dem Ofen nehmen und den Sud aufkochen. Die restliche Butter mit dem
    Mehl verkneten und stückchenweise unter den Sud rühren, bis dieser bindet. Mit Salz und
    Pfeffer abschmecken. Die Mangoldpäckchen mit Gemüse und Sud auf Tellern anrichten.

Schleienfilet
mit Kartoffel-Kapern-Salat

Zutaten für 4 Personen

Für den Kartoffel-Kapern-Salat: 1 kg festkochende Kartoffeln,
Salz, 200 ml heiße Fleischbrühe, 3 Stangen Staudensellerie,
3 Frühlingszwiebeln, 2 EL Butter, 2 EL kleine Kapern,
150 g Crème fraîche, Pfeffer aus der Mühle
Für die Schleie: 4 Schleienfilets (à 150 g; ohne Haut), Salz, Pfeffer
aus der Mühle, 3 EL Butter

1 Für den Kartoffel-Kapern-Salat die Kartoffeln gründlich waschen und mit der Schale in Salzwasser etwa 20 Minuten weich garen. Die Kartoffeln abgießen und kurz ausdampfen lassen. Die Kartoffeln möglichst heiß pellen und in Scheiben schneiden. In eine Schüssel geben und mit der heißen Brühe übergießen.

2 Den Staudensellerie und die Frühlingszwiebeln putzen, waschen und in feine Scheiben schneiden. Die Butter in einer Pfanne erhitzen und das Gemüse darin etwa 3 Minuten dünsten. Herausnehmen und zu den Kartoffeln geben. Die Kapern und die Crème fraîche unter die Kartoffeln mischen und mit Salz und Pfeffer abschmecken. Den Kartoffel-Kapern-Salat etwa 15 Minuten ziehen lassen.

3 Für die Schleie die Fischfilets waschen, trocken tupfen und mit Salz und Pfeffer würzen. Die Butter in einer Pfanne erhitzen und die Fischfilets darin bei mittlerer Hitze 3 bis 4 Minuten auf jeder Seite braten.

4 Den Kartoffel-Kapern-Salat auf Teller verteilen und die Fischfilets darauf anrichten.

Schleien-Kartoffel-Rösti
auf Paprikabett

Zutaten für 4 Personen

je 2 rote und gelbe Paprikaschoten, 5 mittelgroße Kartoffeln,
4 Schleienfilets (à 150 g; ohne Haut), Salz, Mehl zum Wenden,
ca. 2 EL Senf, 4 EL Olivenöl, 2 EL Butterschmalz,
Pfeffer aus der Mühle

1 Die Paprikaschoten längs halbieren, entkernen, waschen und mit dem Sparschäler schälen. Die Paprikahälften längs in breite Streifen schneiden.

2 Die Kartoffeln schälen, waschen und grob raspeln. Die Kartoffelraspel in einem Küchentuch gut ausdrücken. Die Schleienfilets waschen, trocken tupfen und mit Salz würzen.

3 Die Kartoffelraspel auf einen Teller geben. Das Mehl in einen tiefen Teller geben. Die Fischfilets im Mehl wenden, auf beiden Seiten mit Senf bestreichen und in die Kartoffeln drücken. In einer Pfanne 2 EL Olivenöl und das Butterschmalz erhitzen. Die Fischfilets darin bei mittlerer Hitze auf jeder Seite 3 bis 4 Minuten braten.

4 Das restliche Olivenöl in einer Pfanne erhitzen, die Paprikastreifen darin bei mittlerer Hitze etwa 5 Minuten braten und mit Salz und Pfeffer würzen. Auf Teller verteilen, die Schleien-Kartoffel-Rösti darauf anrichten und nach Belieben mit etwas Bratfett beträufeln.

Schleienfilet
mit Tomatenreis-Nocken

Zutaten für 4 Personen

2 Frühlingszwiebeln, 1 Chilischote, 3 EL Olivenöl, 200 g Langkornreis,
400 ml Tomatensaft, 4 Schleienfilets (à 150 g; mit Haut), Salz, Pfeffer
aus der Mühle, ½ Bund Thymian, 1 EL Butterschmalz, Zucker

1   Die Frühlingszwiebeln putzen, waschen und in feine Ringe schneiden. Die Chilischote längs halbieren, entkernen, waschen und in kleine Würfel schneiden. In einem Topf 1 EL Olivenöl erhitzen und die Frühlingszwiebeln und die Chilischote darin unter Rühren andünsten. Den Reis dazugeben und kurz mitdünsten. Mit dem Tomatensaft ablöschen und den Reis bei schwacher Hitze etwa 15 Minuten garen.

2   Die Schleienfilets waschen, trocken tupfen und mit Salz und Pfeffer würzen. Den Thymian waschen und trocken schütteln, die Blättchen abzupfen und fein hacken. Das restliche Olivenöl und das Butterschmalz in einer Pfanne erhitzen. Die Filets darin bei mittlerer Hitze auf der Hautseite 2 Minuten braten. Die Schleienfilets wenden, mit dem Thymian bestreuen und weitere 2 Minuten braten.

3   Den Tomatenreis mit Salz und 1 Prise Zucker abschmecken. Aus dem Tomatenreis mit zwei Esslöffeln Nocken formen und in tiefe Teller verteilen. Die Fischfilets daneben anrichten.

Scholle

Pleuronectes platessa

Familie: Pleuronectiformes (Plattfische)
Größe: 40 bis 70 cm
Alter: bis 45 Jahre
Lebensraum: Nordatlantik, Ostsee, Mittelmeer, Schwarzes Meer
Verwendung in der Küche: Kleine Schollen sind im Ganzen gebraten, pochiert oder geschmort eine Delikatesse. Die Filets der großen Schollen eignen sich zum Braten, Dünsten (z.B. Schollenröllchen) und Grillen.

Mit der Scholle verbinde ich viele glückliche Bilder aus meiner Kindheit: Der dicke Schollenmann, der immer klingelnd und hupend mit seinem Auto in unsere Straße kam, um Schollen im Akkord zu verkaufen, die Fische mit seiner Schere blitzschnell aufschnitt, noch schneller ausnahm, in Zeitungspapier wickelte und mit einem launigen Spruch über den Tresen schob. Oder die rituellen Ausflüge an den Elbstrand von Stade, wenn die Schollenkutter anlegten, sich die halbe Stadt mit Eimern bewaffnete und geduldig anstand, um fangfrische Schollen nach Hause zu schleppen. Mein Vater liebte Schollen, meine Mutter liebte Schollen, und ich aß in meiner Jugend so viele Schollen, dass ich sie eines Tages gründlich satthatte. Ein paar Jahre lang rührte ich keine Schollen an. Dann aber entdeckte ich sie wieder – und wusste schmerzlich, was ich in der Zeit meiner Abstinenz verpasst hatte.

Tiefgefrorene Todsünde

Die Scholle ist immer noch der wichtigste Plattfisch für die europäischen Fischer. Mehr als 100 000 Tonnen werden jedes Jahr aus dem Meer geholt, und da viele dieser Fische noch nicht geschlechtsreif sind, gehen die Bestände bedenklich zurück. Deswegen gehört auch die Scholle zu den Fischen, die man mit Bedacht genießen sollte. Das fängt damit an, dass man niemals tiefgefrorene Schollenfilets kaufen darf, weil durch das Schockfrosten die butterweiche Zartheit des Fleisches verloren geht. Eine frische Scholle schmeckt wie die Essenz des Meeres, wie die fischgewordene Schaumkrone einer Welle, fein und leicht und elegant. Und trotzdem ist die Scholle ein dankbarer Fisch, der jedem Hobbykoch das Leben leichtmacht. Sie gart genügsam vor sich hin, während man sich um seine Gäste kümmern kann, macht sich fast von selbst, braucht nur etwas Rosmarin und Thymian – und bedankt sich auch noch mit einem sensationellen Geschmack.

Des Deutschen liebtstem Plattfisch droht die Liebe zum Verhängnis zu werden: Ihr zartes, fast grätenfreies Fleisch macht die Scholle zu einem hochbegehrten Speisefisch – und gleichzeitig zu einem hochgefährdeten.

Scholle aus der Pfanne
mit Rosmarin, Thymian und Schalotten

Zutaten für 4 Personen

4 Schollen (à 300 g; küchenfertig), Meersalz, 4 Schalotten,
4 Zweige Thymian, 4 Zweige Rosmarin, Mehl zum Wenden,
2 EL Butterschmalz, 2 EL Olivenöl

1 Die Schollen waschen, trocken tupfen und mit Meersalz würzen. Die Schalotten mit der Schale halbieren. Die Kräuter waschen und trocken schütteln. Das Mehl in einen tiefen Teller geben. Die Schollen im Mehl wenden.

2 Das Butterschmalz und das Olivenöl in zwei Pfannen erhitzen, die Fische darin bei mittlerer Hitze auf jeder Seite 3 bis 4 Minuten braten, zwischendurch mit etwas Bratfett beträufeln.

3 Die Schalotten und die Kräuter dazugeben und einige Minuten mitdünsten. Die Schollen auf Tellern anrichten und servieren. Dazu passt ein Kartoffelpüree (siehe S. 32). *Rezeptfoto rechts*

Gebratenes Schollenfilet
mit Zitronen-Kräuter-Butter

Zutaten für 4 Personen

Für die Zitronen-Kräuter-Butter: ½ Bund Petersilie, 1 EL Kapern,
½ unbehandelte Zitrone, 1 Frühlingszwiebel, 150 g weiche Butter, Salz
Für die Schollenfilets: 8 Schollenfilets (à 80 g; ohne Haut), Salz,
2 EL Butter, grob zerstoßener schwarzer Pfeffer

1 Für die Zitronen-Kräuter-Butter die Petersilie waschen und trocken schütteln, die Blätter abzupfen und fein hacken. Die Kapern hacken. Die Zitrone heiß waschen und trocken reiben. Die Schale mit einem Zestenreißer abziehen und fein hacken. Dann die übrige Schale mit einem Messer so abschälen, dass die weiße Haut mit entfernt wird. Die Zitronenfilets aus den Trennhäuten schneiden und klein schneiden. Die Frühlingszwiebel putzen, waschen und in feine Ringe schneiden. Die weiche Butter in eine Schüssel geben. Alle vorbereiteten Zutaten zur Butter geben und untermischen. Mit Salz würzen und kühl stellen.

2 Die Schollenfilets waschen, trocken tupfen und mit Salz würzen. Die Butter in einer Pfanne erhitzen und die Filets darin bei mittlerer Hitze auf jeder Seite etwa 1 Minuten braten. Herausnehmen, mit etwas Pfeffer bestreuen und mit der Zitronen-Kräuter-Butter servieren. Dazu passen geröstetes Bauernbrot, frittierte Petersilie (siehe S. 54) und ein Glas Weißwein.

Schollenfilets auf Ofengemüse

Zutaten für 4 Personen

2 Möhren, ¼ Sellerieknolle, 2 Stangen Lauch, 4 Frühlingszwiebeln,
1 kleine rote Chilischote, 8 Schollenfilets (à 80 g; ohne Haut), Salz,
2 EL Olivenöl, 3 EL Butter

1 Den Backofen auf 160 °C vorheizen. Die Möhren und den Sellerie putzen, schälen und in feine Streifen schneiden. Den Lauch und die Frühlingszwiebeln putzen, waschen und ebenfalls in feine Streifen schneiden. Die Chilischote waschen und in sehr feine Ringe schneiden. Die Schollenfilets waschen, trocken tupfen und mit Salz würzen.

2 Ein Backblech mit dem Olivenöl einfetten, das Gemüse darauf verteilen und im Ofen auf der mittleren Schiene 3 bis 4 Minuten garen. Die Fischfilets darauflegen, die Ofentemperatur auf 100 °C reduzieren und die Filets 3 bis 4 Minuten gar ziehen lassen. Herausnehmen. Die Butter in kleinen Flöckchen darübergeben und alles sofort servieren. Dazu passt Basmatireis. *Rezeptfoto rechts*

Schollen-Fenchel-Salat

Zutaten für 4 Personen

2 mittelgroße Fenchelknollen, 1 große unbehandelte Zitrone,
10 Champignons, 3 Frühlingszwiebeln, 1 Bund Petersilie,
3 Knoblauchzehen, 100 ml kalte Gemüsebrühe, 1 EL Honig,
3 EL Olivenöl, Salz, Pfeffer aus der Mühle, 8 Schollenfilets
(à 80 g; ohne Haut), 3 EL Butter, 2 EL Olivenöl

1 Die Fenchelknollen putzen, waschen und in hauchdünne Scheiben schneiden oder hobeln. Die Zitrone heiß waschen, trocken reiben und ebenfalls in sehr dünne Scheiben schneiden. Die Champignons putzen, trocken abreiben und in feine Scheiben schneiden. Die Frühlingszwiebeln putzen, waschen und in feine Ringe schneiden.

2 Die Petersilie waschen, trocken schütteln und die Blätter abzupfen. Den Knoblauch schälen und fein hacken. Alle vorbereiteten Zutaten in eine Schüssel geben. Für das Dressing Brühe mit Honig, Olivenöl, Salz und Pfeffer verrühren. Über den Salat geben und gut vermischen.

3 Die Schollenfilets waschen, trocken tupfen und mit Salz und Pfeffer würzen. Butter und Olivenöl in einer Pfanne erhitzen. Die Fischfilets darin bei mittlerer Hitze auf jeder Seite etwa 1 Minute braten. Den Salat auf Teller verteilen und die Schollenfilets darauf anrichten.

Gebratene Schollenfilets
auf Paprika und Currysauce

Zutaten für 4 Personen

1 große orangefarbene oder rote Paprikaschote, 1 EL Butter,
1 EL mittelscharfes Currypulver (z.B. »Anapurna«), 200 g Sahne,
100 ml Noilly Prat (franz. Wermut), 4 Stiele Bohnenkraut,
8 Schollenfilets (à 80 g; ohne Haut), Salz, 2 EL Butterschmalz,
2 EL Olivenöl, Zitronensaft

1 Die Paprikaschote längs vierteln, entkernen, waschen und mit dem Sparschäler schälen. Die Butter in einer Pfanne erhitzen und die Paprikaviertel darin 3 Minuten bei mittlerer Hitze dünsten. Herausnehmen und beiseitestellen.

2 Das Currypulver in das Bratfett geben und kurz andünsten. Mit Sahne und Noilly Prat ablöschen und etwas einköcheln lassen. Das Bohnenkraut waschen und trocken schütteln.

3 Die Schollenfilets waschen, trocken tupfen und mit Salz würzen. Butterschmalz und Olivenöl in einer zweiten Pfanne erhitzen und die Fischfilets darin bei mittlerer Hitze auf jeder Seite etwa 1 Minuten braten.

4 Die Currysahne mit Salz und 1 Spritzer Zitronensaft abschmecken. Die Paprikaviertel mit der Currysahne auf Tellern anrichten. Die gebratenen Schollenfilets darauflegen und mit dem Bohnenkraut garnieren.

Sprotte

Sprattus sprattus

Familie: Clupeidae (Heringe)
Größe: 10 bis 20 cm
Alter: bis zu 6 Jahre
Lebensraum: alle gemäßigten und subtropischen Meere
Verwendung in der Küche: Sprotten kommen überwiegend geräuchert auf den Markt. Frische Sprotten sind in Mehl gewendet und frittiert ein Genuss.

Die Sprotte ist der Fisch der Missverständnisse. Die vier größten sind die folgenden: Erstens halten die meisten Menschen Sprotten für zu klein geratene Heringe. Sie sind zwar mit den Heringen verwandt, bilden aber eine eigene Art, was der Fachmann daran erkennt, dass ihr Bauch nicht vollkommen glatt ist, sondern Widerhaken hat. Zweitens glauben viele, Sprotten seien schwierig zu essen. Das ist Blödsinn – Kopf ab, Schwanz ab und mit einem Mal in den Mund. So esse ich sie am liebsten, also nach dem norddeutschen Motto: »Kopp un Steert, sünt nix weert«, während andere meiner Landsleute auf die Methode »Mit Kopp un Steert« schwören. Drittens kursiert die Legende, die klassischen Sprotten kämen aus Kiel, weswegen sie landläufig ja auch Kieler Sprotten heißen. In Wahrheit aber stammen die Sprotten aus der schönen Stadt Eckernförde, die nur dummerweise bis 1881 nicht an das Eisenbahnnetz angeschlossen war. Deswegen transportierte man die Sprotten mit Pferdefuhrwerken zum Kieler Hauptbahnhof, an dem sie als Herkunftsbezeichnung einen Stempel mit dem Namen Kiel bekamen. Und viertens herrscht der aberwitzige Irrglaube, Sprotten seien ein Armeleuteessen aus dem 19. Jahrhundert, das nicht mehr in unsere Zeit passe. So ein Quatsch!

Fünf Brüder und ein Berg Sprotten

Sprotten gehören schon seit meiner Kindheit zu meinen Leibspeisen. Bei uns zu Hause stellte meine Mutter regelmäßig einfach einen großen Topf mit den kleinen Fischen auf den Tisch, dazu eine dampfende Schüssel Pellkartoffeln, und wir fünf Jungs schlugen uns nach Lust und Laune den Bauch voll. Manchmal strichen wir die Sprotten auch als feine Mousse aufs Brot, was genauso gut schmeckte. Wenn ich heute Gäste habe, reiche ich gerne geräucherte Sprotten statt Schnittchen als Snack zum Sekt. Vom Naschen bekommt man zwar fettige Finger, aber das ist der Spaß allemal wert.

Der Herr der Sprotten: Berndt Kruse aus Eckernförde ist der Letzte, der die kleinen, mit den Heringen verwandten Fische noch nach alter Art im Erlen- und Buchenholz räuchert.

Die Ostsee-Sprotte bildet eine eigene Unterart der Sprotten, die als Einzige ihrer Gattung auch im Brackwasser leben kann. Sprotten sind kleine, planktonfressende Schwarmfische, die sich tagsüber in den Tiefen des Meeres verbergen und erst nachts an die Wasseroberfläche kommen. Und irgendwann landen sie aufgespießt im Räucherofen von Berndt Kruse.

Der Räuchermeister aus der Sprotten-Hauptstadt

Mir ist es ein Rätsel, warum Sprotten so sehr aus der Mode gekommen sind. Etwas Delikateres, Intensiveres als das herzhafte, helldunkle Fleisch dieser Fische gibt es für mich kaum. Es mag stimmen, dass Sprotten ein bisschen fett und nichts für hysterische Magermodels sind. Aber wenn mir jemand sagt, er verzichte auf Sprotten, weil er auf seine Linie achten müsse, antworte ich ihm nur: »Du musst ja nicht gleich eine ganze Kiste futtern.«

Sprotten perfekt zu räuchern ist eine hohe Kunst. Im Norden Deutschlands gibt es nur noch einen einzigen Mann, der sie beherrscht: Berndt Kruse ist dieser Mann, der sein Geschäft selbstverständlich in der Sprotten-Welthauptstadt Eckernförde betreibt und als Letzter die Fische nach traditioneller Art mit Erlen- und Buchenholz im sogenannten Altonaer Ofen veredelt. Sie bleiben vergleichsweise kurz im Rauch, nicht viel länger als zwei Stunden, weil sie nicht kalt, sondern bei etwa 70 Grad geräuchert werden. So sind sie zwar nur acht, neun Tage haltbar, haben aber ein herrlich frisches Fischaroma und ungeachtet des hohen Fettgehalts einen unwiderstehlich feinen Geschmack. Eigentlich müsste man Berndt Kruse als Ehrentitel die »Goldene Sprotte« verleihen.

Aus Silber werde Gold

Genau genommen ist die Sprotte ein Exot in unseren Meeren. Denn die meisten ihrer Verwandten bevorzugen ein Leben auf der Südhalbkugel und mögen es auch gerne subtropisch warm. Die Europäische Sprotte hingegen ist flexibel und stellt keine nennenswerten Ansprüche an die Wassertemperatur. Sie kommt im Mittelmeer und Schwarzen Meer genauso vor wie in der Nordsee und vor den Kanaren. Zum Räuchern werden vorzugsweise die zehn Zentimeter langen Exemplare genommen. Berndt Kruse zieht immer 30 Sprotten auf eine Stange, die dann mit Dutzenden anderer Stangen in den Räucherofen kommen. Und dann verwandeln sich die silbern glänzenden Fische durch das Räuchern in goldene Delikatessen. Bis zu einer Tonne Sprotten räuchert Kruse auf diese Weise jeden Tag. Und sie sind so begehrte Raritäten, dass er sie in ganz Deutschland verkauft. Traditionell werden die empfindlichen Fische in Holzkisten verpackt. So sind sie vor Druck geschützt und können besser atmen als in Plastikverpackungen. Für mich sind die Kisten übrigens ein hervorragendes und auch höchst dekoratives Gastgeschenk.

Früher habe es in Eckernförde und Kiel noch 40 Sprottenräuchereien gegeben, sagt Berndt Kruse mit ein bisschen Wehmut. Doch viele Betriebe seien nicht mit der Zeit gegangen und hätten deswegen keine Chance gehabt zu überleben. Er habe viel Geld in seine Räucherei gesteckt, die auf dem neuesten Stand der Technik sei, um die alte Tradition der Kieler Sprotten aus Eckernförde am Leben zu erhalten. Einer müsse ja immer der Letzte sein, sagt Kruse, und es wäre ein Jammer, wenn eines Tages der schöne Leitspruch von Eckernförde nicht mehr gelten sollte: »Wat plagt ji ju un quält ju af mit dusend lege Saken? In Eckernför dar hebbt wi´t rut ut Sülver Gold to macken.« Mögen sich andere mit 1000 schweren Sachen plagen und quälen. In Eckernförde haben sie es heraus, aus Silber Gold zu machen.

Gefangen in der Kieler Bucht, geräuchert nach klassischer Art im Altonaer Ofen, verpackt in traditionellen Holzkisten: Das ist der Weg, den die »Echten Kieler Sprotten« in Berndt Kruses Eckernförder Betrieb seit 1919 gehen. Er führt das Familienunternehmen in der vierten Generation und ist für seine Räucherwaren vielfach ausgezeichnet worden.

Creme von Kieler Sprotten
auf Brot mit Orangenschale

Zutaten für 4 Personen

10 Kieler Sprotten, 1 EL Crème fraîche, 1 EL gehackter Dill,
1 EL frisch geriebener Meerrettich, Saft von ½ Orange,
4 Scheiben Ciabatta- (am besten Curry-Ciabatta) oder Bauernbrot,
abgeriebene unbehandelte Orangenschale

1 Die Kieler Sprotten halbieren, dabei Köpfe und Gräten entfernen. Mit der Haut in eine
Schüssel geben. Die Sprotten mit einer Gabel fein zerdrücken. Die Crème fraîche, den Dill,
den Meerrettich und den Orangensaft dazugeben und alles cremig rühren.

2 Die Brotscheiben in einer Pfanne ohne Fett knusprig rösten und wieder herausnehmen.
Die Sprottencreme auf den Brotscheiben verteilen und mit etwas Orangenschale bestreuen.
Rezeptfotos rechts

Kieler Sprotten
auf lauwarmem Tomatensalat

Zutaten für 4 Personen

1 kg Tomaten (verschiedene Sorten, z.B. gelbe Strauchtomaten,
Ochsenherz, Roma, San Marzano, Safari, Zebra), 2 Schalotten,
2 Knoblauchzehen, 1 Bund Basilikum, 1 Chilischote, 3 EL Olivenöl,
Salz, Zucker, 1 EL Himbeeressig, 20 Kieler Sprotten

1 Die Tomaten waschen und in mundgerechte Stücke schneiden, dabei die Stielansätze entfernen. Die Schalotten und den Knoblauch schälen, die Schalotten in feine Streifen, den Knoblauch in feine Würfel schneiden. Das Basilikum waschen, trocken schütteln und die Blätter
abzupfen. Die Chilischote längs einschneiden und entkernen.

2 Das Olivenöl in einer Pfanne erhitzen. Die vorbereiteten Zutaten (außer dem Basilikum)
darin unter Rühren kurz erwärmen und mit Salz und 1 Prise Zucker würzen. Zum Schluss
die Basilikumblätter und den Essig dazugeben. Den lauwarmen Tomatensalat auf Tellern
anrichten und die Kieler Sprotten darauf verteilen.

Exotischer Sprottensalat
mit Mango und Passionsfrucht

Zutaten für 4 Personen

1 Mini-Romanasalat, ½ Eichblattsalat, 1 Chicorée, 1 Handvoll
Feldsalat, 1 Mango, 5 Champignons, 1 rote Zwiebel, 4 Eier,
1 Passionsfrucht, 2 EL Apfelessig, 1 TL Senf, Salz, Pfeffer aus
der Mühle, 2 EL Sonnenblumenöl, 16–20 Kieler Sprotten

1 Den Romanasalat, den Eichblattsalat und den Chicorée putzen und längs halbieren. Jeweils den Strunk herausschneiden und die Blätter ablösen. Alle Salate waschen und gut trocken schleudern. Größere Salatblätter in mundgerechte Stücke zupfen, den Chicorée quer in Streifen schneiden. Den Feldsalat verlesen, gründlich waschen und trocken schleudern.

2 Die Mango schälen, das Fruchtfleisch auf den flachen Seiten vom Stein schneiden und in Stücke schneiden. Die Champignons putzen, trocken abreiben und in Scheiben schneiden. Die Zwiebel schälen, halbieren und in feine Streifen schneiden.

3 Alle vorbereiteten Salatzutaten in einer großen Schüssel mischen. Die Eier in kochendem Wasser 6 bis 7 Minuten wachsweich garen und kalt abschrecken. Die Passionsfrucht halbieren, das Fruchtfleisch samt der Kerne mit einem Löffel herauskratzen und in eine Schüssel geben. Essig, Senf, Salz, Pfeffer und das Öl dazugeben und alles gut verrühren.

4 Die Vinaigrette über den Salat geben und untermischen. Den Salat auf Teller verteilen und je 4 bis 5 Kieler Sprotten darauf anrichten. Die Eier nach Belieben pellen, halbieren und neben dem Salat anrichten.

Kieler Sprotten
mit Rosmarin-Ofenkartoffeln

Zutaten für 4 Personen

8 festkochende Kartoffeln, 3 Zweige Rosmarin, Meersalz,
2 EL Olivenöl, 150 g Crème fraîche, 1 EL Sahne, Salz,
32 Kieler Sprotten

1 Den Backofen auf 200 °C vorheizen. Die Kartoffeln gründlich waschen und mit der Schale in dickere Scheiben schneiden. Die Rosmarinzweige waschen und trocken schütteln.

2 Ein Backblech mit Backpapier auslegen. Die Kartoffelscheiben und die Rosmarinzweige darauf verteilen. Mit etwas Meersalz bestreuen und 1 EL Olivenöl darüberträufeln. Die Kartoffelscheiben im Ofen auf der mittleren Schiene etwa 20 Minuten garen.

3 Inzwischen für den Dip die Crème fraîche mit der Sahne und dem restlichen Olivenöl verrühren und mit Salz würzen. Die Kieler Sprotten mit den Rosmarin-Ofenkartoffeln servieren und den Dip dazu reichen.

Steinbutt

Scophthalmus maximus

Familie: Pleuronectiformes (Plattfische)
Größe: 20 bis 70, in Ausnahmefällen bis 100 cm
Alter: bis 20 Jahre
Lebensraum: europäischer Teil des Atlantiks, Ostsee, Mittelmeer, Schwarzes Meer
Verwendung in der Küche: Einen kleinen Steinbutt kann man im Ganzen pochieren, braten oder grillen. Große Exemplare werden bevorzugt filetiert und gebraten.

Schönheit und Geschmack sind im Tierreich nicht zwangsläufig die beiden Seiten derselben Medaille. Bei den Fischen scheint sogar die umgekehrte Regel zu gelten: Je hässlicher eine Kreatur ist, umso besser schmeckt sie. Der Seeteufel zum Beispiel macht seinem Namen alle Ehre und sieht aus wie eine besonders abscheuliche Ausgeburt des Leibhaftigen, ist aber gleichzeitig einer der besten Speisefische überhaupt. Übertroffen wird er für meinen Geschmack nur noch von einem einzigen Meeresbewohner, der selbstverständlich alles andere als ein Schönling ist: dem glupschäugigen, gullydeckelrunden, schlammgraubraunen, ganz und gar fantastischen, sensationellen, grandiosen Steinbutt, dem wohlschmeckendsten aller Fische. Dieses herrlich feste weiße Fleisch, diese extrem feinen Nussaromen – das gibt es kein zweites Mal im Meer!

Eine kulinarische Kostbarkeit seit der Antike

Eine Delikatesse war der meist am Stück gegarte und dann pompös servierte Fisch schon bei den Schlemmern in Platons Griechenland und im alten Rom. Er blieb es über die Jahrhunderte und war dem berühmten französischen Erzgourmet Jean Anthèlme Brillat-Savarin (1755 bis 1826) sogar derart heilig, dass er für den Steinbutt ein eigenes Kochgefäß entwarf. »Turbotière« heißt dieser Fischtopf in Form einer Raute nach dem französischen Namen »turbot« für Steinbutt, der bis heute zur Grundausstattung jedes ambitionierten Hobbykochs in Frankreich gehört.

Es ist nicht einfach, einen Steinbutt wild zu fangen. Als Plattfisch drückt er sich meist am Meeresboden herum und nimmt zur Tarnung die Farbe des Untergrunds an. So ist er von seinen Fressfeinden kaum zu erkennen. Selbst die Knochenhöcker auf der Oberseite seines Körpers sind Teil des Versteckspiels: Sie stiften Verwirrung, weil sie wie Steine aussehen – und haben übrigens dem Steinbutt seinen Namen gegeben.

Der Steinbutt gilt unter Kennern als der Beste aller Speisefische. Da er sehr langsam wächst, ist sein Fleisch fest und dennoch zart. Eine vertrauenswürdige Anlaufstelle für diese und weitere Köstlichkeiten ist Hummer Pedersen in Hamburg.

Mein Fisch, mein Fischhändler, meine Familie

Der Steinbutt ist so begehrt, dass sein Bestand inzwischen gefährdet ist. Deswegen verwende ich fast ausschließlich Zuchtfische – ich will zukünftigen Generationen ja nicht den ganzen Steinbutt wegessen. Zu ganz besonderen Anlässen aber muss es doch ein wild gefangenes Exemplar sein. Und es gibt nur eine Adresse auf der Welt, an die ich mich dann vollsten Vertrauens wenden kann: Hummer Pedersen in Hamburg. Ich gebe offen zu, dass ich ohne Pedersen nicht leben könnte – und sie könnten es wahrscheinlich auch nicht ohne mich, denn sie brauchen ja ein bisschen Spaß im Leben. Mit Hummer Pedersen ist das nämlich so: Für mich ist das gar kein Fischhändler, sondern eine Art Familie. Jedes Mal, wenn ich in das Geschäft direkt am Hamburger Hafen komme, gibt es ein großes Hallo und ein herzliches Moin, Moin, und dann unterhalte ich die Fischhändler mit meinen Späßen und bringe ein bisschen Leben in die Bude. Und wann immer ich Hummer Pedersen mit vollem Einkaufs- und leerem Geldbeutel verlasse, fühle ich mich glücklicher als zuvor.

Juwelenbarsche, Drachenköpfe, Papageienfische

Hummer Pedersen ist selbstverständlich keine Spaßbude, sondern ein hochseriöses Unternehmen. Gegründet wurde es 1879 von Carl Christian Pedersen, der sich auf den Handel mit Hummern und Austern spezialisierte. Damals gab es noch bedeutende Hummerbestände in der Nordsee, die leider längst verschwunden sind. Pedersen ließ direkt am Hamburger Hafen große Hummerbassins mit Meerwasser anlegen, wurde schnell zu einer Institution in der Hansestadt und blieb es jahrzehntelang. Auch heute noch ist die Firma, die seit dem Jahr 2000 Joachim Niehusen gehört, die beste Adresse für erstklassigen Fisch in Norddeutschland. Und sie hat längst viel mehr als nur Hummer und Austern im Sortiment. Alles, was gut und teuer und in den sieben Weltmeeren zu Hause ist, bekommt man bei Niehusen in bester Qualität – Juwelenbarsche und Drachenköpfe, Mondfische und Gotteslachse, Papageienfische und Mahimahi aus dem Atlantischen, Pazifischen und Indischen Ozean. Den weitesten Weg haben Bärenkrebse, die eigens aus Australien eingeflogen werden.

Die allerletzten Rollmopsroller

Direktimport von Frischware ist Ehrensache bei Hummer Pedersen, Tiefkühlfisch wird nur im äußersten Notfall verkauft, und für die namenstiftenden Schalentiere ist natürlich auch noch genug Platz, und zwar in einer riesigen Anlage mit 3000 bis 4000 lebenden Hummern – da planschen gut und gerne um die 100 000 Euro in den Becken. Und noch eine weitere Rarität findet man bei Hummer Pedersen: Die allerletzten Rollmopsroller von Hamburg gehen dort ihrer Arbeit nach, fleißige Frauen, die unermüdlich Heringslappen zu Rollmöpsen rollen.

In der Fischhalle geht es derweil rustikal zu. Hier gibt es keine liebevoll dekorierten Auslagen wie in den feinen Fischgeschäften. Nein, hier stehen überall Paletten voller Fisch und Meeresfrüchte herum, im Zentrum der Halle stehen die Pulte der Verkäufer, und auf dem Boden steht immer Wasser, sodass man schnell nasse Füße bekommt, wenn man nicht aufpasst. Das sollte aber niemanden davon abhalten, bei Hummer Pedersen einzukaufen – und jeder, der darauf verzichtet, ist selber schuld.

Joachim Niehusen ist ein leidenschaftlicher Hobbykoch, bei dem sich selbstredend alles um Fisch dreht. Sein Sohn – so hat er es mir einmal gestanden – habe der weiteren Bekochung durch den Vater nur unter der Bedingung zugestimmt, dass es einmal pro Woche Fleisch geben müsse. In einem bin ich mir mit Joachim Niehusen völlig einig: Der Steinbutt ist das Nonplusultra unter den Fischen, und am allerbesten sind die großen Exemplare, diese Fünfzehn-Kilo-Brocken, die natürlich zerteilt werden und am Stück im Fischgeschäft leicht 1000 Euro kosten würden. Doch für diesen Fisch rentiert sich jede Ausgabe. Das ist mein voller Ernst: Ich empfehle jedem, öfter einmal einen Steinbutt zu essen, anstatt eine Kurzreise zu machen.

Eine Institution unter den Hamburger Fischhändlern: Wer beste Qualität und besten Service will, bestellt bei Hummer Pedersen an der Großen Elbstraße. Nicht nur Hummer, mit dem 1879 alles begann, gibt es hier in rauen Mengen, auch alle anderen Schätze heimischer und exotischer Ozeane.

Steinbuttfilet
auf Schalottenbutter

Zutaten für 4 Personen

Für das Kartoffel-Sellerie-Püree: 4 mittelgroße mehligkochende
Kartoffeln, ¼ Sellerieknolle, Meersalz (oder Salz), ¼ l Milch,
250 g Sahne, 3 EL Butter, Pfeffer aus der Mühle, frisch geriebene
Muskatnuss
Für die Schalottenbutter: 3 Schalotten, ½ Bund Petersilie,
4 EL Butter, 2 EL Noilly Prat (franz. Wermut), 2 EL Weißwein
Für den Steinbutt: 4 Steinbuttfilets (à 180 g; ohne Haut), Salz,
Pfeffer aus der Mühle, 2 EL Butterschmalz

1 Für das Kartoffel-Sellerie-Püree die Kartoffeln schälen und waschen. Den Sellerie putzen und schälen. Beides in grobe Würfel schneiden und in kochendem Salzwasser etwa 20 Minuten garen.

2 Für die Schalottenbutter die Schalotten schälen und in feine Würfel schneiden. Die Petersilie waschen, trocken schütteln, die Blätter abzupfen und fein hacken. Die Butter in einem kleinen Topf erhitzen und die Schalottenwürfel darin unter Rühren andünsten. Den Noilly Prat und den Wein angießen und alles etwa 4 Minuten köcheln lassen. Die Petersilie unterrühren.

3 Die Milch mit der Sahne in einem kleinen Topf erhitzen und die Butter darin zerlassen. Die Kartoffeln und den Sellerie in ein Sieb abgießen, kurz ausdampfen lassen und durch die Kartoffelpresse in eine Schüssel drücken. Die Milch-Sahne-Mischung zu der Kartoffel-Sellerie-Masse geben und alles zu einem lockeren Püree verrühren. Mit Salz, Pfeffer und 1 Prise Muskatnuss abschmecken.

4 Für den Steinbutt die Fischfilets waschen, trocken tupfen und mit Salz und Pfeffer würzen. Das Butterschmalz in einer Pfanne erhitzen und die Steinbuttfilets darin bei mittlerer Hitze auf jeder Seite etwa 2 Minuten braten.

5 Die Schalottenbutter auf Teller verteilen und die Steinbuttfilets darauflegen. Das Kartoffel-Sellerie-Püree dazu reichen.

Steinbuttfilet mit Safrangemüse

Zutaten für 4 Personen

Für den Fischfond: 1,5 kg Karkassen von Weißfischen (z.B. Steinbutt, Zander, Seezunge; ohne Köpfe), 1 Bund Suppengemüse, 2 Schalotten, 1 Knoblauchzehe, 50 g Champignons, ½ Bund Petersilie, 3 frische Lorbeerblätter, 10 weiße Pfefferkörner, 200 ml Weißwein (Grau- oder Weißburgunder), 100 ml Noilly Prat (franz. Wermut), Salz

Für das Gemüse und den Steinbutt: 1 Fenchelknolle, 5 weiße Champignons, 1 Möhre, 2 EL Olivenöl, 1 Döschen Safranfäden (0,1 g), 2 Lorbeerblätter, 1 TL Fenchelsamen, Salz, Pfeffer aus der Mühle, 4 Steinbuttfilets (à 180 g; ohne Haut), 2 EL Butter, 2 EL Noilly Prat (franz. Wermut), 2 EL Petersilienblätter, Zitronensaft

1 Für den Fischfond die Karkassen in Stücke schneiden und unter fließendem kaltem Wasser waschen, bis das Wasser klar bleibt. Das Suppengemüse schälen bzw. putzen und waschen und in Stücke schneiden. Die Schalotten und den Knoblauch schälen und in feine Würfel schneiden. Die Champignons putzen, trocken abreiben und in Scheiben schneiden.

2 Karkassen, Gemüse und Pilze in einen Topf geben. Die Petersilie waschen und mit Lorbeerblättern, Pfefferkörnern, 2 l Wasser, Wein und Noilly Prat dazugeben, aufkochen und bei schwacher Hitze etwa 30 Minuten leicht köcheln lassen. Dabei den aufsteigenden Schaum immer wieder abschöpfen, bis der Fond klar bleibt.

3 Den Fond durch ein feines Sieb passieren und nochmals durch ein mit einem Küchentuch ausgelegtes Sieb gießen, damit alle Trübstoffe entfernt werden. Den Fischfond wieder erhitzen und auf etwa ½ l einkochen. Mit Salz abschmecken.

4 Für das Gemüse den Fenchel putzen, waschen, das Grün abschneiden, grob zerzupfen und beiseitelegen. Die Knolle halbieren und den Strunk herausschneiden. Die Fenchelhälften in Streifen schneiden. Die Champignons putzen, trocken abreiben und in Scheiben schneiden. Die Möhre putzen, schälen und in Scheiben schneiden.

5 Das Olivenöl in einem Topf erhitzen und das Gemüse und die Pilze darin andünsten. Fischfond, Safran, Lorbeerblätter und Fenchelsamen hinzufügen. Mit Salz und Pfeffer würzen und zugedeckt bei schwacher Hitze etwa 10 Minuten ziehen lassen.

6 Für den Steinbutt die Fischfilets waschen und trocken tupfen. Die Butter, den Noilly Prat, etwas Fenchelgrün und die Petersilienblätter zum Gemüse geben. Die Fischfilets auf das Gemüse legen, mit Salz würzen und mit Zitronensaft beträufeln. Zugedeckt 7 Minuten gar ziehen lassen.

7 Das Gemüse mit etwas Fond in tiefe Teller verteilen und die Fischfilets darauflegen und nach Belieben mit etwas Fenchelgrün oder gehackter Petersilie bestreut servieren. Dazu passen frisches Baguette und ein kräftiger Weißwein.

Steinbuttfilet mit Erbsen

Zutaten für 4 Personen

450 g Erbsen (tiefgekühlt), 4 Tomaten, 2 Zwiebeln, 3 EL Butter,
500 g Sahne, Salz, Pfeffer aus der Mühle, Zucker, frisch geriebene
Muskatnuss, 4 Steinbuttfilets (à 180 g; ohne Haut)

1 Die Erbsen auftauen lassen. Die Tomaten kreuzweise einritzen, überbrühen, häuten, vierteln und entkernen. Das Fruchtfleisch in Würfel schneiden.

2 Die Zwiebeln schälen, in feine Würfel schneiden und in 1 EL Butter andünsten. Die Sahne angießen und auf etwa zwei Drittel einkochen lassen. Die Erbsen dazugeben, kurz in der Sauce garen und mit Salz, Pfeffer und je 1 Prise Zucker und Muskatnuss würzen.

3 Die Steinbuttfilets waschen, trocken tupfen und mit Salz und Pfeffer würzen. In der restlichen Butter bei mittlerer Hitze auf jeder Seite etwa 2 Minuten braten.

4 Die Tomaten zu den Erbsen geben und 1 bis 2 Minuten darin ziehen lassen. Die Steinbuttfilets mit dem Erbsengemüse und einem Glas Weißwein servieren.

Steinbuttfilet mit Spargel

Zutaten für 4 Personen

10 Tomaten, 1 walnussgroßes Stück Ingwer, 3 EL gehackte Petersilie,
1 EL Sojasauce, Saft von ½ Zitrone, 4 EL Olivenöl, Salz, Zucker,
1 kg weißer Spargel, 4 Steinbuttfilets (à 180 g; ohne Haut),
Pfeffer aus der Mühle, 2 EL Butterschmalz

1 Die Tomaten kreuzweise einritzen, überbrühen, häuten, vierteln und entkernen. Das Fruchtfleisch in Würfel schneiden. Den Ingwer schälen und fein reiben. Tomaten, Ingwer, Petersilie, Sojasauce, Zitronensaft und Olivenöl mischen, mit Salz und 1 Prise Zucker würzen.

2 Den Spargel schälen, die holzigen Enden abschneiden. Den Spargel in kochendem Salzwasser mit 1 TL Zucker 15 bis 18 Minuten garen. 2 EL Kochwasser unter die Tomaten rühren.

3 Die Steinbuttfilets waschen, trocken tupfen und mit Salz und Pfeffer würzen. Das Butterschmalz in einer Pfanne erhitzen und die Filets darin auf jeder Seite etwa 2 Minuten braten.

4 Den Spargel aus dem Wasser heben, abtropfen lassen und auf Teller verteilen. Die Steinbuttfilets darauf anrichten und die Ingwertomaten dazu servieren.

Steinbuttfilet
mit Mango-Paprika-Gemüse

Zutaten für 4 Personen

1 Mango, 1 orangefarbene Paprikaschote, 1 rote Zwiebel, 1 rote
Chilischote, 1 EL Olivenöl, abgeriebene Schale und Saft von 1 unbehandelten Limette, 4 Steinbuttfilets (à 180 g; ohne Haut), Salz, Pfeffer
aus der Mühle, 2 EL Butterschmalz

1   Die Mango schälen, das Fruchtfleisch auf den flachen Seiten vom Stein schneiden. Die
    Paprikaschote längs vierteln, entkernen, waschen und mit dem Sparschäler schälen. Die
    Zwiebel schälen. Alles in feine Würfel schneiden. Die Chilischote längs halbieren, entkernen,
    waschen und fein hacken.

2   Mango- und Paprikawürfel im Olivenöl bei mittlerer Hitze andünsten. Zwiebel und Chili hin-
    zufügen und kurz mitdünsten. Limettenschale und -saft dazugeben, alles mit dem Kartoffel-
    stampfer leicht zerdrücken und unter Rühren 3 bis 4 Minuten köcheln lassen.

3   Die Steinbuttfilets waschen, trocken tupfen und mit Salz und Pfeffer würzen. In einer Pfanne
    im Butterschmalz bei mittlerer Hitze auf jeder Seite etwa 2 Minuten braten. Herausnehmen
    und mit dem Mango-Paprika-Gemüse auf Tellern anrichten. *Rezeptfoto rechts*

Steinbuttfilet
mit Tagliatelle und Gurkensauce

Zutaten für 4 Personen

200 g Tagliatelle, Salz, 1 Salatgurke, 200 ml trockener Weißwein,
250 g Sahne, 150 g Naturjoghurt, Chilipulver, 4 Steinbuttfilets
(à 180 g; ohne Haut), Pfeffer aus der Mühle, 2 EL Butterschmalz

1   Die Tagliatelle nach Packungsanweisung in Salzwasser bissfest garen. Die Gurke waschen
    und längs halbieren. Die Kerne mit einem Teelöffel entfernen und die Hälften in Würfel
    schneiden.

2   Den Wein in einem Topf aufkochen und um die Hälfte einkochen lassen. Die Sahne und
    den Joghurt dazugeben und 5 Minuten erwärmen. Die Gurkenwürfel hinzufügen und leicht
    erhitzen. Mit Salz und 1 Prise Chilipulver würzen.

3   Die Steinbuttfilets waschen, trocken tupfen und mit Salz und Pfeffer würzen. Das Butter-
    schmalz in einer Pfanne erhitzen und die Fischfilets darin auf jeder Seite etwa 4 Minuten
    braten. Die Tagliatelle in ein Sieb abgießen, abtropfen lassen und auf Teller verteilen. Die
    Sauce und den Fisch darauf verteilen. Als Vorspeise servieren.

Stint

Osmerus eperlanus

Familie: Osmeridae (Stintartige)
Größe: 15 bis 30 cm
Alter: bis zu 6 Jahre
Lebensraum: europäischer Teil des Nordatlantiks von der Biskaya bis zur Ostsee
Verwendung in der Küche: Die kleinen Fische werden fast ausschließlich im Ganzen (jedoch ohne Kopf und Schwanz) gebraten, frittiert oder gegrillt.

Wenn ich meinen bayerischen Freunden sage, dass ich »auf Stint gehe«, haben sie keine Ahnung, wovon ich rede. Wahrscheinlich glauben sie, dass ich etwas Unanständiges, zumindest aber Unvernünftiges vorhabe, Reeperbahn oder Ähnliches. Wenn ich dasselbe meinen Freunden in Hamburg oder Stade sage, lassen sie alles stehen und liegen und antworten im Chor: »Wir kommen mit!« Das ist das Schöne am Föderalismus: In einem Teil Deutschlands gibt es Traditionen, von denen der andere Teil nichts weiß – und umgekehrt. So gibt es auch im eigenen Land immer etwas zu entdecken.

Ein Freudenfest für die Elbfischer

Auf Stint zu gehen ist im Norden ein – natürlich hochanständiger – Volkssport. Denn der Stint ist ein kleiner, unschuldiger, silbern schimmernder Fisch, der im Nordatlantik von der Biskaya über die Nordsee bis zur Ostsee lebt und als kleinster Vertreter aus der Familie der Lachsartigen genauso gerne wie seine großen Cousins auf Wanderschaft geht. Immer im Herbst kommen die Stinte zu den Flussmündungen an der Nordsee, stellen ihre Organismen mehrere Wochen lang von Salzwasser auf Süßwasser um und ziehen dann Ende Februar oder Anfang März, wenn das Wasser eine Temperatur von acht, neun Grad erreicht, die Flussläufe hinauf, um abzulaichen. Am liebsten machen sie das in der Elbe – sehr zur Freude der Elbfischer, die schon im Herbst an der Mündung des Flusses Jagd auf die kleinen Fische machen. In der Laichsaison haben sie dann am Unterlauf leichtes Spiel. Sie müssen nicht viel mehr tun, als links und rechts an ihren Kuttern Netze zu befestigen, sie gegen die Strömung auszurichten und anschließend zu warten, bis sie prall gefüllt sind mit Wanderfischen. Wenn die kurze, rauschhafte Stintsaison vorbei ist, widmen sich die Fischer wieder ihrem Brot- und Buttergeschäft und stellen Aalen oder Kabeljau nach.

Früher ein Massenfisch, dann lange Zeit fast verschollen, heute eine Volksdelikatesse: Auf der Welle der Stintsaison wollen viele wieder mitreiten. »Stint satt«, verspricht ein Hotelrestaurant an der Elbe – und lockt mit dem Bild eines Herings.

Mit Waschkörben auf Stintfang

Noch Anfang des 20. Jahrhunderts gab es unvorstellbare Mengen an Stinten in der Elbe. Der Fisch war nicht nur das Armeleuteessen schlechthin, sondern wurde auch ans Vieh verfüttert oder gleich als Dünger auf die Felder gekippt. Es war sogar Tradition, die Fische mit Waschkörben einfach aus dem Wasser zu schöpfen. Wie allgegenwärtig der Stint einmal war, sieht man an den vielen Ortsbezeichnungen, in denen er auftaucht. In Hamburg gibt es eine Anhöhe namens Stintfang, in Lüneburg heißt das Kneipenviertel Stintmarkt, und in Bremen kannte man früher die Große und Kleine Stintbrücke. Doch mit der zunehmenden Verschmutzung der Flüsse verloren die Wanderfische die Lust an ihren Laichplätzen. Jahrelang gab es sogar überhaupt keine Stinte mehr in der Elbe. Das hat sich zum Glück wieder geändert. Dank der kolossalen Verbesserung der Wasserqualität findet man den Stint wieder massenweise. Manche Fischer holen in der Hochsaison Tag für Tag bis zu einer Tonne Stint aus der Elbe. Das ist allerdings immer noch Pipifax im Vergleich zu den Mengen, die in den riesigen Zuchtanlagen produziert werden. Wir bekommen diese Stinte so gut wie nie zu Gesicht, denn sie werden an Raubfische und Reptilien in Aquarien oder zoologischen Gärten verfüttert.

Orgien mit Fischbergen

Die Norddeutschen lassen sich ihren Stint am liebsten in rustikalen Restaurants mit waschechtem Seemannsambiente wie Grubes Fischerhütte in Winsen an der Luhe schmecken. »Stint satt« lautet dort das Motto, und das ist wörtlich zu nehmen: Berge der wohlschmeckenden Fische mit ihrem weichen, beinahe glibberigen Fleisch werden zusammen mit Gebirgen von Bratkartoffeln und Kartoffelsalat aufgetischt, wobei man den Stint erst in Roggenmehl wendet, dann in Butter und Speck anbrät und – das ist absolut zwingend – immer mit den Fingern isst: Kopf ab und ab in den Mund inklusive Haut und Gräten, die ganz besonders zart schmecken.

Wenn die Stinte im Frühjahr zu ihren Laichplätzen die Elbe hinaufwandern, haben die Fischer Hochsaison. Tonnenweise holen sie die Wanderfische aus dem Fluss und verkaufen sie zu großen Teilen direkt an die Dutzenden Restaurants zwischen Hamburg und Lüneburg, die sich auf Stinte spezialisiert haben. Und dort feiert man dann wahre Stintorgien.

Das »Silbergold« der Elbe

Der Stint ist bestimmt auch deswegen wieder ein solcher Massenerfolg geworden, weil er einen dezenten Geschmack hat, der eher an frische Gurke als an einen typischen Fisch erinnert. Mit ihm kommen auch Menschen zurecht, die nicht von sich behaupten, große Fischliebhaber zu sein. Ich finde es großartig, dass die Tradition des gemeinsamen Stintessens eine solche Renaissance erfährt. Der Stint hält die Leute zusammen, macht ihnen klar, wie wertvoll kulinarische Traditionen sind, und schärft ihr Bewusstsein dafür, dass man die guten Sachen nicht immer in der Ferne suchen muss, sondern gleich vor der Haustür findet.

Das »Silbergold« der Elbe, wie ich den Stint gerne nenne, glänzt und funkelt wieder. Ich würde mich freuen, wenn es nur der Anfang wäre und wir unsere Mut- und Ahnungslosigkeit, die wir viel zu oft gegenüber Fisch haben, endlich aufgeben würden. Bei so vielen anderen Dingen sind wir neugierig und probieren ständig Unbekanntes aus. Nur auf dem Teller verlässt uns der Mut, und wir trauen uns nicht, unseren Horizont zu erweitern. Die wunderbare Welt der Fische besteht aus mehr als Fischstäbchen. Das ist meine Botschaft – und der beste Botschafter für alle Fischskeptiker ist der gurkenfrische Stint.

»Gurkenfisch« wird der Stint auch genannt, weil sein Fleisch nicht das klassische Fischaroma aufweist, sondern eher nach frischer Gurke schmeckt. Das ist einer der Gründe dafür, dass der Stint nach dem Fang so schnell wie möglich gegessen werden muss. Lange Handelswege verträgt er nicht – die wenigen Meter zu den Restaurants am Elbufer dafür umso besser.

Knusprig gebratene Stinte

Zutaten für 4 Personen

20 Stinte (ohne Kopf; küchenfertig), Mehl zum Wenden,
Salz, 2 EL Butterschmalz

1 Die Stinte innen und außen waschen und trocken tupfen. Das Mehl in einen tiefen Teller
geben. Die Fische mit Salz würzen und im Mehl wenden.

2 Das Butterschmalz in einer Pfanne erhitzen und die Stinte darin bei mittlerer Hitze rundum
etwa 5 Minuten knusprig braten.

Stintschnitte
mit Joghurt-Limetten-Dip

Zutaten für 4 Personen

20 Stinte (ohne Kopf; küchenfertig), Mehl zum Wenden, Salz,
2 EL Butterschmalz, 4 Scheiben Toastbrot, 500 g Naturjoghurt,
1 EL Olivenöl, abgeriebene Schale und Saft von 1 unbehandelten
Limette, 1 EL gehackte Petersilie

1 Die Stinte, wie auf Seite 220 beschrieben, zubereiten. Das Toastbrot in einer Pfanne ohne
   Fett goldbraun rösten.

2 Für den Dip den Joghurt, das Olivenöl, die Limettenschale und den -saft glatt rühren und
   mit Salz würzen. Je 3 Stinte auf 1 Toastscheibe anrichten und mit gehackter Petersilie
   bestreuen. Mit dem Joghurt-Limetten-Dip servieren und die restlichen Stinte dazu reichen.
   Rezeptfoto rechts

Gebratene Stinte
auf Kartoffel-Speck-Salat

Zutaten für 4 Personen

Für den Kartoffel-Speck-Salat: 1 kg festkochende Kartoffeln, Salz,
1 TL ganzer Kümmel, Pfeffer aus der Mühle, ¼ l Fleischbrühe,
4 EL Weißweinessig, 100 g durchwachsener Speck (in Scheiben),
2 Schalotten, 1 Bund Petersilie, Olivenöl
Für die Stinte: 20 Stinte (ohne Kopf; küchenfertig), Mehl zum
Wenden, Salz, 2 EL Butterschmalz

1 Für den Kartoffel-Speck-Salat die Kartoffeln gründlich waschen und mit der Schale in Salzwasser mit dem Kümmel etwa 20 Minuten weich garen. Die Kartoffeln abgießen und kurz
   ausdampfen lassen. Noch heiß pellen und in Scheiben schneiden. Mit Salz und Pfeffer würzen. Die Brühe erhitzen, den Essig hinzufügen und über die lauwarmen Kartoffeln gießen.

2 Den Speck in feine Streifen schneiden und in einer Pfanne ohne Fett knusprig braten.
   Herausnehmen und auf Küchenpapier abtropfen lassen. Die Schalotten schälen und in feine
   Würfel schneiden. Die Petersilie waschen und trocken schütteln, die Blätter abzupfen und
   fein hacken. Alles unter die Kartoffeln mischen und den Salat mindestens 20 Minuten
   durchziehen lassen. Nach Belieben noch etwas Brühe und Olivenöl untermischen. Die Stinte,
   wie auf Seite 220 beschrieben, zubereiten und auf dem Kartoffelsalat anrichten.

Gebratene Stinte
auf Rucola-Orangen-Salat

Zutaten für 4 Personen

Für den Salat: 2 Orangen, 1 Bund Rucola, 2 Stangen Staudensellerie,
2 Frühlingszwiebeln, ½ Bund Schnittlauch, Saft von 1 Orange,
Salz, Pfeffer aus der Mühle, 2 EL Olivenöl
Für die Stinte: 20 Stinte (ohne Kopf; küchenfertig), Mehl zum
Wenden, Salz, 2 EL Butterschmalz

1   Für den Salat die Orangen mit einem Messer so großzügig schälen, dass auch die weiße
    Haut mit entfernt wird. Die Orangenfilets zwischen den Trennhäuten herausschneiden. Den
    Rucola verlesen, waschen und trocken schleudern. Grobe Stiele entfernen. Den Sellerie und
    die Frühlingszwiebeln putzen, waschen und in feine Scheiben bzw. Ringe schneiden. Den
    Schnittlauch waschen und quer halbieren. Alle vorbereiteten Salatzutaten mischen.

2   Orangensaft mit Salz, Pfeffer und Olivenöl verrühren. Kurz vor dem Servieren über den Salat
    geben. Die Stinte, wie auf Seite 220 beschrieben, zubereiten und auf dem Salat anrichten.
    Rezeptfoto rechts

Gebratene Stinte
auf Spinatsalat mit Knoblauchbrot

Zutaten für 4 Personen

Für den Salat und das Brot: 500 g junger Spinat, 4 Eier,
50 g Pinienkerne, 2 Knoblauchzehen, 4 Scheiben Bauernbrot,
1 kleine Chilischote, 2 EL Balsamico bianco, 1 EL Senf,
½ TL Zucker, 4 EL Olivenöl, Salz, 50 g geriebener Parmesan
Für die Stinte: 20 Stinte (ohne Kopf; küchenfertig), Mehl zum
Wenden, Salz, 2 EL Butterschmalz

1   Für den Salat den Spinat verlesen, waschen und trocken schleudern. Die Eier in kochendem
    Wasser 6 bis 7 Minuten wachsweich garen und kalt abschrecken. Die Pinienkerne in einer
    Pfanne ohne Fett goldbraun rösten. Den Knoblauch schälen. Die Brotscheiben in einer Pfan-
    ne ohne Fett knusprig rösten und mit dem Knoblauch einreiben.

2   Die Chilischote längs halbieren, entkernen, waschen und fein hacken. Mit Essig, Senf,
    Zucker, Olivenöl und 1 Prise Salz verrühren.

3   Die Stinte, wie auf Seite 220 beschrieben, zubereiten. Die Eier pellen und halbieren. Spinat
    und Eier auf einer Platte anrichten. Vinaigrette, Parmesan und Pinienkerne darüber vertei-
    len. Die Stinte und das Knoblauchbrot dazu reichen. Mit einem weißen Bordeaux servieren.

Stör

Acipenser

Familie: Acipenseridae (Störfische)
Größe: 1 bis 3, maximal 6 m
Alter: bis zu 120 Jahre
Lebensraum: Meere und Flüsse in Europa, Nordamerika, Nord- und Zentralasien
Verwendung in der Küche: Der Knochenfisch lässt sich wunderbar braten, grillen und kochen und ist auch geräuchert von ausgezeichnetem Geschmack.

Seit mehr als 250 Millionen Jahren lebt der Stör im Süß- und Salzwasser der Nordhalbkugel. Doch mittlerweile ist er akut vom Aussterben bedroht, weil die Gier nach seinem Rogen, dem Kaviar, keine Grenzen kennt.

Ich gebe gerne zu, dass ich ein bodenständiger Mensch bin, der seiner Heimatscholle immer treu geblieben ist. Ich bin kein Weltmann und kein Weltreisender, sondern jemand, der am Elbufer den Ozeanriesen ohne Sehnsucht hinterherschaut. Auf großer Fahrt war ich nie, und kulinarisch bin ich trotz meiner Leidenschaft für die französische und italienische Küche Lokalpatriot. Am liebsten mag ich Matjes und Hecht, Sprotten und Stint. Aber ich schätze auch Stör und Kaviar, zumindest, wenn sie aus der Zucht stammen. Denn der wild lebende Stör ist mittlerweile massiv vom Aussterben bedroht. Da Kaviar von gezüchteten Stören aber mindestens genauso gut schmeckt, kann man sich diese Delikatesse trotzdem hin und wieder gönnen. Und dem Stör selbst gebe ich einen Ehrenplatz im Reigen meiner Lieblingsfische. Nicht nur, weil dieser kräftige Bursche ein fabelhaftes, würziges Fleisch liefert, das jede Küche adelt, sondern auch, weil es mir eine Herzensangelegenheit ist, das Schicksal des Störs zu erzählen. Es sollte für uns alle Mahnung und Lehre sein.

Ein Fisch so alt wie die Dinosaurier

Der Stör ist in jeder Hinsicht eine imposante Erscheinung. Er ist eines der ältesten Lebewesen unseres Planeten, schwimmt seit 250 Millionen Jahren in den Meeren und Flüssen der Nordhalbkugel, kann mehr als 100 Jahre alt, manchmal sechs Meter lang und sagenhafte zwei Tonnen schwer werden – er ist der mächtigste Fisch, den man im Süßwasser findet. Doch der Stör hat ein Problem: Die Menschen sind verrückt nach seinem Rogen, dem berühmten Kaviar, und jagen ihn deswegen gnadenlos. Als der beste Kaviar überhaupt gilt der Beluga, der sehr groß, sehr körnig, sehr mild und sehr, sehr teuer ist. Kaum weniger Geld muss man für den Osietra und den Sevruga ausgeben, ein Vielfaches dessen, was man für falschen deutschen Kaviar zu zahlen hat. Er wird aus dem Rogen der Seehasen gewonnen und schwarz eingefärbt, ist also in den Augen der Kaviarliebhaber absolut nicht satisfaktionsfähig. Bis ins 20. Jahrhundert gab es mehr Störe als genug. Doch dann erlebte er das Schicksal so vieler Fische: Die Wasserqualität, vor allem in den Flüssen, verschlechterte sich durch die Industrialisierung dramatisch, die Wege zu den Laichplätzen wurden durch Schleusen und Wasserkraftwerke verbaut und die noch nicht geschlechtsreifen Jungfische gedankenlos abgefischt, sodass eine Reproduktion nicht mehr möglich war. Katastrophal verschärfte sich die Situation nach dem Zusammenbruch der Sowjetunion. Denn die meisten Störe werden in den Ländern der ehemaligen UdSSR gefangen, und seit dem Kollaps der staatlichen Strukturen sind Wilderei und Korruption Tür und Tor geöffnet. Kaum jemand hält sich heute noch an die Fangquoten, Mafiabanden plündern die Störbestände von der Wolga bis zum Kaspischen Meer. Und die neuen reichen Russen treiben die Nachfrage ins Exorbitante.

Hände weg vom wilden Stör

Der illegale Kaviarhandel beträgt heute nach Einschätzung der internationalen Artenschutzbehörden ein Vielfaches der legalen Verkäufe. Allein der deutsche Zoll stellt jedes Jahr tonnenweise geschmuggelten Kaviar sicher. Da ist es kein Wunder, dass die Bestände kurz vor dem Zusammen-

bruch stehen und die offiziellen Exporte vor allem aus Russland drastisch gesunken sind. Weltweit gelten heute alle 27 Störarten als gefährdet oder sogar vom Aussterben bedroht. Angesichts dieser apokalyptischen Situation hat die internationale Artenschutzorganisation Cites 2008 die Reißleine gezogen und den Handel und sogar den Transport von Wildkaviar kategorisch verboten. Zumindest offiziell darf also nur noch Zuchtkaviar verkauft werden. Das aber klingt einfacher, als es ist.

Geschlechtsbestimmung per Ultraschall

Störe zu züchten ist eine hochkomplizierte Angelegenheit. Doch es funktioniert, wenn man über genügend Geld, Geduld und Können verfügt. Der beste Störzüchter Deutschlands ist für mich die Firma Desietra aus Fulda, die einem amerikanischen Investor gehört und von Jörg-Michael Zamek geleitet wird. Sie produziert pro Jahr etwa fünf Tonnen Kaviar und 100 Tonnen Störfleisch und ist damit Marktführer in Deutschland. Es hat Jahre gedauert, bis Zamek und seine Leute die Zucht des delikaten Fisches per-

fektioniert haben. Er braucht sehr klares Wasser, das in einem geschlossenen System permanent gereinigt werden muss. Er verlangt nach einer speziellen Diät aus Krabbenmehl, Fischöl, Weizen, Soja und Vitaminen. Und er lässt sich sehr lange Zeit mit dem Wachsen. Zweieinhalb Jahre lang schwimmt er bei Desietra völlig unbehelligt in seinen Bassins. Dann untersucht man alle Fische per Ultraschall, um ihr Geschlecht festzustellen. Die Weibchen, die den Kaviar tragen, werden von den Männchen getrennt und weiter aufgezogen, während die männlichen Tiere in den Verkauf kommen, sei es als Speise- oder als Anglerfisch.

Aquakulturen sind die einzige Chance, um den Stör in freier Wildbahn zu retten. Zu den Pionieren der Zucht gehört in Deutschland die Firma Desietra. Fast 100 000 russische und sibirische Störe schwimmen in den Becken des Fuldaer Unternehmens, deren Kaviar es nach Meinung selbst kritischer Feinschmecker inzwischen mit dem wilden Rogen aufnehmen kann.

Ein wunderbares Geschenk der Natur

Wenn die Weibchen vier, fünf Jahre alt sind, klärt man wieder mit Ultraschall, ob sie schon Rogen tragen. Dann wird es richtig kompliziert: Die Störe werden auf Diät in Frischwasserbecken gesetzt, damit der Kaviar ein möglichst reines Aroma erhält. Danach kommen sie in Eiswasserbecken, in denen sie die Kälte ganz sanft betäubt. Schließlich werden sie in einem Raum geschlachtet, in dem man auch Menschen operieren könnte, so keimfrei geht es hier zu. Der Qualitätstest für Kaviar ist übrigens ganz simpel: Man muss sich die Eier auf den Handrücken träufeln und sie dann ablutschen – wenn die Haut danach weder nach Fisch riecht noch ölig ist, hat man gerade die beste Qualität gekostet. Der Kaviar von Desiestra gilt unter Feinschmeckern inzwischen dem wilden Rogen als ebenbürtig. Niemand muss also mehr dem »echten Kaviar« nachtrauern. Zum Glück, denn mit jeder Dose kommen wir dem Aussterben dieses uralten Fisches ein Stück näher. Mich interessiert ohnehin etwas anderes viel mehr: Dank des Siegeszugs des Zuchtkaviars gibt es nun Massen an hochwertigem Stör auf dem Markt. Und plötzlich begreifen die Menschen wieder, dass der Fisch, der ihnen die Delikatesse Kaviar schenkt, selbst ein wunderbares Geschenk der Natur ist.

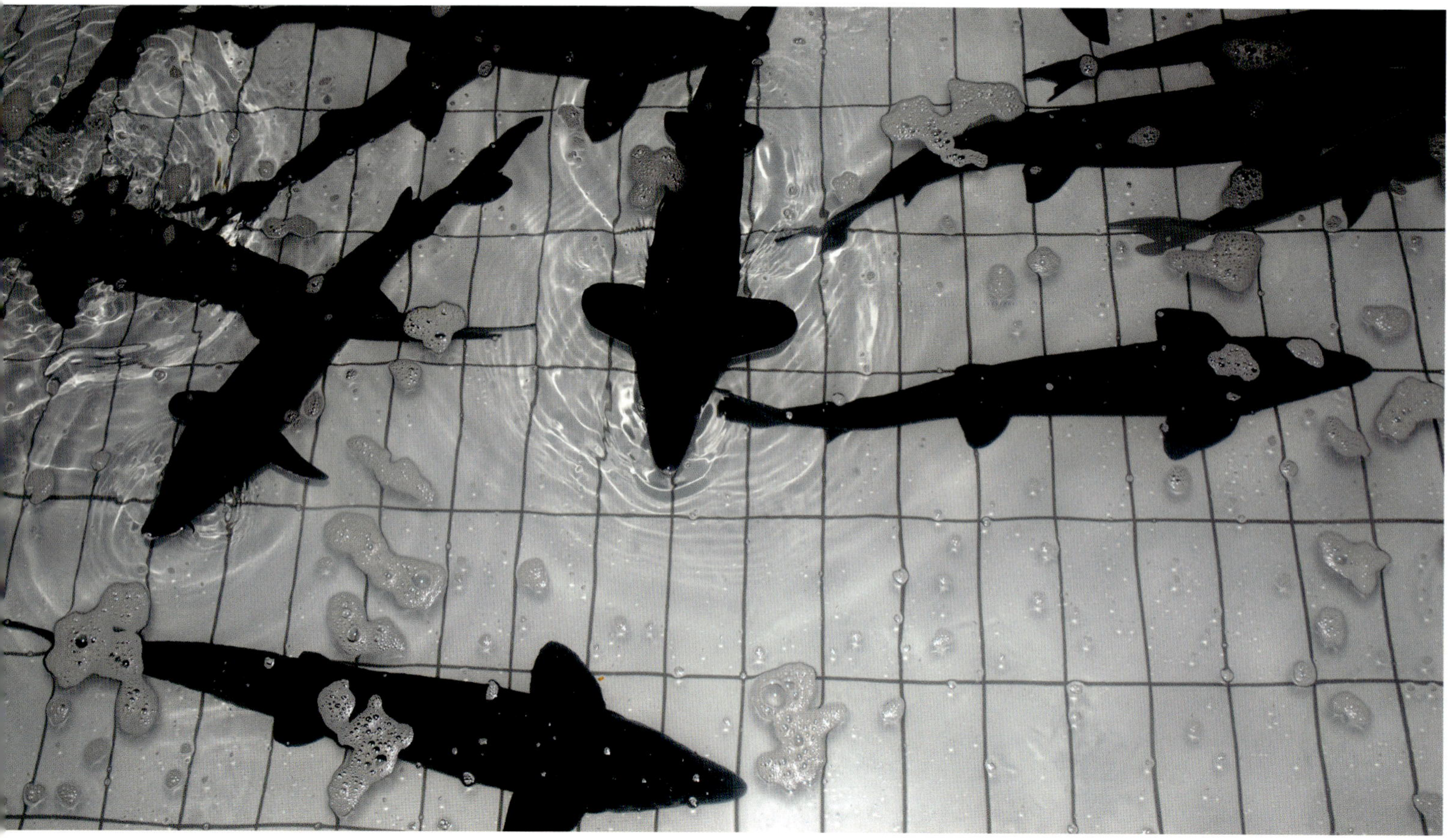

Die Störzucht ist eine Wissenschaft für sich. Davon kann Mesfin Belay, der aus Eritrea stammende Betriebsleiter von Desietra, ein Lied singen. Die Fische geben sich nur mit der besten Wasserqualität zufrieden, und die Verarbeitung des Kaviars erfordert höchste Sorgfalt. Sie findet unter hygienischen Bedingungen wie in einem Hochsicherheitslabor statt.

Freuden und Leiden des Kaviarhändlers

Kaviarkauf ist heute mehr denn je Vertrauenssache. Ich will mir nicht nur sicher sein, erstklassige Ware zu bekommen, sondern auch nicht den geringsten Zweifel daran haben müssen, dass mein Händler nur Kaviar aus Zuchtanlagen verkauft und mir nicht falsch deklarierten, wild gefangenen Rogen unterjubelt. Bei Ralf Bos kann ich mir zu 100 Prozent sicher sein. Wir kennen uns seit Jahren, haben Fernsehsendungen gemeinsam gedreht und sind in unserer Leidenschaft für gutes Essen Brüder im Geiste. Ralf Bos ist Inhaber eines florierenden Feinkosthandels, Marktführer in delikatesten Dingen wie Kaviar, Trüffel oder Austern, Autor renommierter Fachbücher, Ratgeber vieler deutscher Sterne-Köche – kurzum: ein Experte in allen Feinschmeckerfragen.

Auch Ralf Bos musste viele Jahre lang leidvolle Erfahrungen mit Zuchtkaviar machen. Er hat den Lernprozess hautnah miterlebt, den die Störzüchter durchliefen. Und er sagt selbst, dass ihr Rogen erst seit drei, vier Jahren dem Wildkaviar geschmacklich ebenbürtig ist und auch den höchsten Ansprüchen der Sterne-Gastronomie genügt. Dieser rastlose Feinschmecker sucht ständig neue Bezugsquellen, probiert sich durch den Kaviar von Zuchtanlagen auf allen Erdteilen, hat Ware von Uruguay bis China im Angebot und muss ständig Desillusionierungen erleben. Immer wieder, sagte er mir einmal, werde ihm Rogen zum Verkosten vorgesetzt, der einen derart starken Kellertreppengeschmack habe, dass er am liebsten schreiend aus dem Zimmer liefe. Auch für Ralf Bos ist der Kaviar von Desietra der Beste. Und er gibt die Hoffnung nicht auf, dass es eines Tages – wenn die Wolga so sauber sein wird wie der Rhein und die Wilderer am Kaspischen Meer allesamt hinter Schloss und Riegel sitzen – vielleicht doch wieder ganz legal wilden Kaviar geben wird.

Feinschmeckerfreunde unter sich: Auch für den Delikatessenhändler Ralf Bos ist der Zuchtkaviar von Desietra die beste Ware, die es derzeit auf dem Markt gibt.

Stör blau

Zutaten für 4 Personen

1 Mittelstück vom Stör (600–800 g; mit Haut), 2 Möhren, 1 Zwiebel,
1 Stange Lauch, 2 Stangen Staudensellerie, 4 Zweige Rosmarin,
10 Pfefferkörner, 5 Pimentkörner, ¼ l Weißwein, 2 EL Noilly Prat
(franz. Wermut), Meersalz

1 Den Stör waschen und trocken tupfen. Die Möhren putzen, schälen und in Scheiben schneiden. Die Zwiebel schälen und in feine Ringe schneiden. Den Lauch und den Staudensellerie
putzen, waschen und in Würfel schneiden. Den Rosmarin waschen und trocken schütteln.

2 Das Gemüse, die Rosmarinzweige und die Gewürzkörner in einen Topf geben. ½ l Wasser,
den Wein, den Noilly Prat und etwas Meersalz dazugeben und aufkochen. Den Stör hineingeben und bei schwacher Hitze 20 bis 25 Minuten gar ziehen lassen.

3 Den Fisch herausheben und abtropfen lassen. In 4 Portionen teilen. Das Gemüse mit dem
Sud in tiefe Teller verteilen und die Fischstücke darauflegen. *Rezeptfoto rechts*

Störfilet im Kalbsfond

Zutaten für 4 Personen

Für den Salat: 250 g gemischte Blattsalate (z.B. Feldsalat, Rucola,
Radicchio und Endivie), 4 Tomaten, 3 EL Olivenöl, 2 EL Aceto
balsamico, Salz, Pfeffer aus der Mühle, Zucker
Für den Stör: 4 Störfilets (à 150–200 g; ohne Haut), Salz, Pfeffer aus
der Mühle, ¼ l Kalbsfond, 2 EL Butterschmalz, Mehl zum Wenden

1 Für den Salat die Salate verlesen, waschen und trocken schleudern. Größere Blätter in Stücke
zupfen. Die Tomaten waschen, vierteln und entkernen, dabei die Stielansätze entfernen. Mit
den Salaten mischen. Olivenöl, Essig, Salz, Pfeffer und 1 Prise Zucker zu einer Vinaigrette
verrühren.

2 Für den Stör die Fischfilets waschen, trocken tupfen und mit Salz und Pfeffer würzen. Den
Fond in einem Topf einkochen lassen. Mit Salz und Pfeffer abschmecken. Das Butterschmalz
in einer Pfanne erhitzen. Die Fischfilets in Mehl wenden und bei mittlerer Hitze im Butterschmalz auf jeder Seite 3 Minuten braten, dabei ständig mit dem Fond begießen.

3 Den Salat gut mit der Vinagrette mischen. Die Störfilets mit dem Bratsud und dem Salat
anrichten. Dazu passen Salzkartoffeln und ein roter Burgunder.

Störfilet auf Meerrettichsauce

Zutaten für 4 Personen

4 Störfilets (à 150–200 g; ohne Haut), Salz, 2 Frühlingszwiebeln, 1 EL Butter, 200 ml Gemüsebrühe, 200 g Sahne, 1 EL Meerrettich (aus dem Glas), 2 EL Butterschmalz, abgeriebene Schale von ½ unbehandelten Zitrone, Zitronensaft, 1 EL gehackte Petersilie, 2 EL frisch geriebener Meerrettich

1 Die Störfilets waschen, trocken tupfen und mit Salz würzen. Die Frühlingszwiebeln putzen, waschen und in feine Ringe schneiden. Die Butter in einem Topf erhitzen und die Frühlingszwiebeln darin andünsten. Die Brühe, die Sahne und den Meerrettich dazugeben. Alles 5 bis 6 Minuten zu einer sämigen Sauce einkochen lassen, dabei öfter umrühren.

2 Das Butterschmalz in einer Pfanne erhitzen und die Störfilets darin bei mittlerer Hitze auf jeder Seite 3 Minuten braten. Nach dem Wenden mit etwas Zitronenschale bestreuen.

3 Die Sauce mit 1 Spritzer Zitronensaft und 1 Prise Salz abschmecken und auf Teller verteilen. Je 1 Fischfilet darauflegen und mit etwas Zitronenschale, gehackter Petersilie und dem frisch geriebenen Meerrettich bestreuen. Als Beilage passen Salzkartoffeln. *Rezeptfoto rechts*

Grünkohlsuppe mit Störfilet

Zutaten für 4 Personen

2 kg Grünkohl, 1 Zwiebel, 4 Möhren, ¼ Sellerieknolle, 2 EL Butterschmalz, 2–3 kleine Fleischknochen, 5 festkochende Kartoffeln, 4 Störfilets (à 150–200 g; ohne Haut), Salz, Pfeffer aus der Mühle, ca. 2 TL Senf, Zucker

1 Die Grünkohlblätter von den Stielen schneiden, gründlich waschen, abtropfen lassen und in kleine Stücke zupfen. Zwiebel, Möhren und Sellerie putzen, schälen und in kleine Würfel schneiden. Das Butterschmalz in einem großen Topf erhitzen und das Gemüse darin andünsten. Die Knochen und 2 l Wasser hinzufügen und aufkochen lassen. Den aufsteigenden Schaum abschöpfen. Zugedeckt bei mittlerer Hitze 1 Stunde köcheln lassen.

2 Die Knochen herausnehmen. Den Grünkohl in die Brühe geben und 20 Minuten köcheln lassen. Die Kartoffeln schälen, waschen und in kleine Würfel schneiden. Die Störfilets waschen, trocken tupfen und in grobe Stücke schneiden. Kartoffeln und Fisch zur Suppe geben und 15 bis 20 Minuten garen. Die Suppe mit Salz, Pfeffer, Senf und 1 Prise Zucker abschmecken.

Störfilet im Kartoffelmantel
mit Steckrübengemüse

Zutaten für 4 Personen

Für das Steckrübengemüse: ½ Steckrübe (ca. 500 g), Salz,
500 g Sahne, Pfeffer aus der Mühle, frisch geriebene Muskatnuss,
½ Bund Petersilie, 4 EL Keta-Kaviar
Für den Stör: 4 Störfilets (à 150–200 g; ohne Haut), Salz,
5 festkochende Kartoffeln, Mehl zum Wenden, 2 TL Senf,
2 EL Rapsöl, 2 EL Butterschmalz

1 Für das Gemüse die Steckrübe putzen und schälen. Zuerst in dünne Scheiben, dann in feine Streifen schneiden und in kochendem Salzwasser 12 bis 15 Minuten bissfest garen. Die Sahne in einem Topf bei schwacher Hitze auf zwei Drittel einkochen lassen.

2 Für den Stör die Fischfilets waschen, trocken tupfen und mit Salz würzen. Die Kartoffeln schälen, waschen, grob raspeln und in einem Küchentuch gut ausdrücken. Auf einem flachen Teller verteilen. Die Störfilets in Mehl wenden und mit dem Senf bestreichen. Beide Seiten nacheinander in die Kartoffelraspel drücken.

3 Öl und Butterschmalz in einer Pfanne erhitzen und die Fischfilets darin bei mittlerer Hitze auf jeder Seite 5 Minuten braten. Die Steckrüben in ein Sieb abgießen und in die eingekochte Sahne geben. Mit Salz, Pfeffer und Muskatnuss abschmecken. Die Petersilie waschen und trocken schütteln, die Blätter abzupfen und fein hacken.

4 Die Steckrüben mit etwas Sauce auf Teller verteilen und die Fischfilets daneben anrichten. Mit Petersilie und Keta-Kaviar garnieren. Nach Belieben mit Zitronensaft beträufeln. Dazu passt ein Riesling aus dem Rheingau.

Gebratenes Störfilet
mit Gemüsegratin

Zutaten für 4 Personen

Für das Gemüse: 2 junge Sellerieknollen mit Grün, 2 Stangen Lauch, 2 Mairüben, 1 Bund Möhren, 1 Kohlrabi, Salz, 500 g frische Erbsen (ersatzweise 200 g tiefgekühlte Erbsen), 1 Bund Frühlingszwiebeln, Olivenöl, ¼ l Milch, 125 g Crème fraîche, Pfeffer aus der Mühle, frisch geriebene Muskatnuss, 3 EL Pinienkerne, 100 g Pecorino (am Stück)
Für den Stör: 4 Störfilets (à 150–200 g; ohne Haut), Salz, Pfeffer aus der Mühle, 2 EL Butterschmalz

1 Den Sellerie, den Lauch, die Mairüben, die Möhren und den Kohlrabi putzen, dabei etwas Kohlrabi- und Selleriegrün beiseitelegen. Das Gemüse schälen bzw. waschen, in gleichmäßige Scheiben schneiden und in Salzwasser etwa 5 Minuten bissfest garen. Abgießen und kalt abschrecken.

2 Die Erbsen palen und 2 Minuten in kochendem Salzwasser blanchieren, in ein Sieb abgießen und kalt abschrecken. Die Frühlingszwiebeln putzen und waschen, das Weiße in feine Ringe schneiden, das Grün fein hacken. Den Backofen auf 200 °C vorheizen.

3 Eine große ofenfeste Form mit Olivenöl einfetten und das Gemüse schichtweise hineingeben. Die Erbsen als Letztes darübergeben und mit Sellerie- und Kohlrabigrün bestreuen. Die Milch mit der Crème fraîche verrühren, mit Salz, Pfeffer und Muskatnuss würzen und über das Gemüse gießen.

4 Die Pinienkerne fein hacken und den Pecorino fein reiben. Beides über das Gratin streuen, mit Olivenöl beträufeln und im Ofen auf der mittleren Schiene etwa 20 Minuten überbacken.

5 Für den Stör die Fischfilets waschen, trocken tupfen und mit Salz und Pfeffer würzen. Das Butterschmalz in einer Pfanne erhitzen und die Fischfilets darin bei mittlerer Hitze auf jeder Seite 3 Minuten braten. Das Gratin auf Teller verteilen und mit den Störfilets anrichten. Nach Belieben mit grob zerstoßenen Pfefferkörnern bestreuen. Dazu einen leichten Rotwein aus Italien servieren.

Zander

Sander lucioperca

Familie: Percidae (Barsche)
Größe: 40 bis 100 cm
Alter: 10 bis 20 Jahre
Lebensraum: ursprünglich Flüsse und Seen in Mittel-, Nord- und Osteuropa sowie Westasien, inzwischen ganz Europa und Nordamerika
Verwendung in der Küche: Der ganze Fisch oder die Filets schmecken pochiert, in der Pfanne oder im Ofen gebraten, gedünstet und vom Grill.

Ich habe mein ganzes Leben rund um Stade verbracht, im Alten Land, dem Obstgarten Deutschlands. Es ist eine unaufgeregte Gegend mit bodenständigen Menschen, die zufrieden sind mit dem, was sie haben, und keine Sehnsucht nach der weiten Welt verspüren. Manche mögen das provinziell nennen, doch es hat auch seine Vorteile. Die Leute und die Landschaft im Alten Land sind die innere Ruhe selbst und für einen Menschen wie mich, der immer in Bewegung ist, das ideale Kontrastprogramm. Deswegen bin ich so gerne hier und fahre selbst nachts nach Abendterminen immer nach Hause zurück.

Dichten und denken statt kochen und genießen

Obst gibt es unendlich viel im Alten Land, aber auch zahllose Bäche, Flüsse, Kanäle, Seen und Teiche, in denen sich alle Fische tummeln, die ich gerne auf dem Teller habe. Deswegen ist Angeln hier Volkssport. Es gibt Vereine und Wettbewerbe, und an den Wochenenden sieht man überall am Wasser Massen von Menschen mit ihren Ruten stehen, die es vor allem auf den König der Süßwasserfische abgesehen haben: den Zander. Man findet ihn auch in der Schwinge, einem ruhigen, freundlichen Flüsschen, in dem ich als Bub meine ersten Hechte und Stinte gefangen habe. Damals gingen wir alle so selbstverständlich zum Angeln wie auf den Fußballplatz und brachten den Fang dann unseren Müttern, die ihn meist recht lieblos in die Pfanne hauten. Denn bei aller Liebe zu meiner Heimat muss ich mir doch eingestehen, dass die Deutschen ein Volk sind, das sich mit dem Dichten und Denken leichtertut als mit dem Kochen und Genießen. Auch bei uns zu Hause wurde nicht sehr raffiniert gegessen. Es gab die typische deutsche Nachkriegsküche ohne einen Hauch französischer Eleganz. Das Vertrauen in Maggi und Dr. Oetker war grenzenlos, und ein Dorsch im Sud mit Senfsauce am Sonntag war schon das höchste der Gefühle.

Der Zander macht nicht nur im Wasser eine fabelhafte Figur. Auf dem Teller ist der selbstbewusste Raubfisch dank seines festen, kraftvollen und dabei hocheleganten Fleisches ein wahres Geschenk des Himmels.

Ein Zander für die einsame Insel

An Zander war bei uns zu Hause überhaupt nicht zu denken. Den größten aller Süßwasserbarsche und vielleicht besten aller Süßwasserfische habe ich erst viel später kennengelernt. Es war Liebe auf den ersten Blick. Seither bin ich ganz vernarrt in sein festes, kräftiges Fleisch, das bei aller Wucht trotzdem hauchzart ist. Zander brate ich immer auf der Haut an. Denn das verträgt dieser ebenso kraftvolle wie feinsinnige Bursche, der es als Raubfisch nicht nur im Wasser mit allen Gegnern aufnehmen kann, sondern auch in der Küche jedem Begleiter standhält. Selbst von so robusten Gemüsen wie Wirsing, Linsen oder Grünkohl lässt

er sich nicht einschüchtern. Wenn ich auf eine einsame Insel verbannt werden würde und nur drei Fische mitnehmen dürfte, wäre der Zander mit Sicherheit dabei.

Das Schweigen der Angler

Trotz meiner frühkindlichen Angelerlebnisse schlägt in meiner Brust kein Anglerherz. Und trotzdem setze ich mich manchmal ganz gerne, ungeachtet meiner notorischen Ungeduld, mit meinem Assistenten Johann und seinem kleinen Sohn an die Schwinge zum Angeln. Dieser Nebenfluss der Elbe liegt nur einen Steinwurf weit von meinem Haus entfernt. Doch wir sind keine besessenen Petrijünger,

Zander halten sich am liebsten dort auf, wo es viele kleine Fische gibt, wie zum Beispiel in der Schwinge bei Stade. Bei Hochwasser muss man an die ruhigen Stellen des Flusses gehen, und an den Abenden der Monate Mai und Juni fängt man die größten Zander. All das muss der Anglernachwuchs erst noch lernen.

denen das Anglerlatein nur so von den Lippen perlt und die lange und ausschweifend darüber diskutieren, ob Rotaugen oder lieber Rotfedern, eine Ukelei, ein Gründling oder gleich ein Kunstköder, wie Twister, Wobbler oder Blinker, verwendet werden sollte, um sich dann ans Ufer zu setzen und zu schweigen.

Ruhm und Ehre des Zanderkönigs

Ich habe nie verstanden, warum Angler immer stumm aufs Wasser starren müssen. Ich kann das nicht. Als ich einmal mit ambitionierteren Hobbyanglern auf der Fischpirsch war, hatten diese nach 20 Minuten, die mir wie gefühlte drei Stunden vorkamen, von meinem Geplapper die Nase voll und schickten mich weg. Ich war froh, sie waren es auch und riefen mich nach einer Ewigkeit in panikartiger Aufruhr an, ich solle sofort kommen. Ich hörte schon in der Ferne ihr Triumphgeheul: Einer hatte einen kapitalen Zander gefangen, der ihm Ruhm und Ehre einbringen sollte. Denn er wurde zum Stader Zanderkönig gekrönt, weil er den größten Zander der Saison gefangen hatte. Seither hat er viele Stunden mit seiner Angel am Ufer der Schwinge verbracht, immer in der Hoffnung, sich zu übertreffen. Wie viele fantastische Zander ich in dieser Zeit gegessen habe, kann ich gar nicht zählen.

Gebratenes Zanderfilet
mit Rosmarinkartoffeln und Tomatensalat

Zutaten für 4 Personen

Für die Rosmarinkartoffeln: 12 kleine festkochende Kartoffeln
(z.B. Bamberger Hörnchen oder La Ratte), 3 Zweige Rosmarin,
Meersalz, 2 EL Olivenöl
Für den Tomatensalat: 5 große Tomaten, ½ Bund Basilikum, Salz,
Pfeffer aus der Mühle, Cayennepfeffer, Zucker, 2 EL Olivenöl
Für den Zander: 4 Zanderfilets (à 120 g; mit Haut), Salz, Pfeffer aus
der Mühle, 2 EL Olivenöl

1 Für die Rosmarinkartoffeln den Backofen auf 200 °C vorheizen. Die Kartoffeln gründlich
waschen und längs halbieren. Den Rosmarin waschen und trocken schütteln. Ein Backblech
mit Backpapier auslegen. Die halbierten Kartoffeln und die Rosmarinzweige darauf verteilen.
Mit etwas Meersalz bestreuen und das Olivenöl darüberträufeln. Im Ofen auf der mittleren
Schiene etwa 20 Minuten backen.

2 Für den Tomatensalat die Tomaten kreuzweise einritzen, überbrühen, häuten, vierteln und
entkernen. Das Fruchtfleisch in Würfel schneiden. Die Tomaten in eine Schüssel geben. Das
Basilikum waschen, trocken schütteln und die Blätter abzupfen. Zu den Tomaten geben. Mit
Salz, Pfeffer, Cayennepfeffer und 1 Prise Zucker würzen, das Olivenöl untermischen und
etwa 20 Minuten ziehen lassen.

3 Für den Zander die Fischfilets waschen und trocken tupfen. Die Haut mehrmals einritzen
und die Filets mit Salz und Pfeffer würzen. Das Olivenöl in einer Pfanne erhitzen. Die Filets
auf der Hautseite 2 Minuten braten. Wenden und weitere 2 Minuten braten.

4 Die gebratenen Zanderfilets mit den Rosmarinkartoffeln auf Tellern anrichten und den
Tomatensalat dazu reichen. Der Rosmarin ist schön knusprig und kann nach Belieben mit-
gegessen werden.

Zanderfilet auf Linsengemüse

Zutaten für 4 Personen

250 g Puy-Linsen, 1 Mangold (ca. 400 g), 1 Möhre, ¼ Sellerieknolle,
1 unbehandelte Orange, 4 EL Olivenöl, Salz, Pfeffer aus der Mühle,
4 Zanderfilets (à 120 g; mit Haut)

1 Die Linsen in kochendem Wasser etwa 30 Minuten garen. Den Mangold putzen, waschen, abtropfen lassen und in Stücke schneiden. Die Möhre und den Sellerie putzen, schälen und in kleine Würfel schneiden. Die Orange heiß waschen und trocken reiben. Die Schale dünn abschälen und in feine Streifen schneiden. Die Orange halbieren und den Saft auspressen.

2 Den Mangold in 2 EL Olivenöl andünsten. Die Möhren und den Sellerie dazugeben und weitere 5 Minuten dünsten. Mit Salz und Pfeffer und der Orangenschale würzen.

3 Die Zanderfilets waschen und trocken tupfen. Die Haut mehrmals einritzen und die Filets mit Salz und Pfeffer würzen. Das restliche Olivenöl in einer Pfanne erhitzen. Die Filets auf der Hautseite 2 Minuten braten. Wenden und weitere 2 Minuten braten.

4 Die Linsen abgießen, abtropfen lassen und unter das Gemüse mischen. Mit Orangensaft abschmecken. Das Linsengemüse auf Teller verteilen und den Zander darauf anrichten.
Rezeptfoto rechts

Zanderfilet auf Lauchbett

Zutaten für 4 Personen

2 Stangen Lauch, 3 festkochende Kartoffeln, 100 g durchwachsener
Speck, 1 EL Butter, 125 g Sahne, Salz, frisch geriebene Muskatnuss,
4 große Zanderfilets (à 200 g; ohne Haut), Pfeffer aus der Mühle,
2 EL gehackte Petersilie, grob zerstoßener Pfeffer

1 Den Lauch putzen, waschen und in feine Streifen schneiden. Die Kartoffeln schälen, waschen, halbieren und in Scheiben schneiden. Den Speck in kleine Würfel schneiden und in der Butter anbraten. Den Lauch und die Kartoffeln dazugeben, mit 100 ml Wasser ablöschen, die Sahne angießen und alles bei mittlerer Hitze etwa 10 Minuten köcheln lassen. Mit Salz, Muskatnuss und nach Belieben Zitronensaft abschmecken.

2 Die Zanderfilets waschen, trocken tupfen und mit Salz und Pfeffer würzen. Auf das Gemüse legen und zugedeckt bei schwacher Hitze etwa 10 Minuten ziehen lassen. Mit dem Gemüse auf Tellern anrichten und mit Petersilie und zerstoßenem Pfeffer bestreuen. Dazu passen frisches Baguette und ein Glas Weißwein.

Pochierter Zander
mit Tagliatelle und Spinat

Zutaten für 4 Personen

Für die Sauce: ½ l Gemüsebrühe (oder Fischfond, siehe S. 210),
200 ml Weißwein, 3 EL Noilly Prat (franz. Wermut), Zitronensaft,
50 g kalte Butter

Für den Zander: 4 Zanderfilets (à 120 g; ohne Haut), 1 Zwiebel,
1 Knoblauchzehe, ¼ l Gemüsebrühe, 2 Lorbeerblätter,
10 Pfefferkörner, Salz

Für die Tagliatelle: 300 g Tagliatelle, Salz, 1 kg Blattspinat,
50 g Butter, 2 EL Olivenöl, frisch geriebene Muskatnuss

1 Für die Sauce die Brühe oder den Fond, den Wein, den Noilly Prat und etwas Zitronensaft in einem Topf auf etwa die Hälfte einkochen. Die kalte Butter in kleinen Stücken mit dem Stabmixer unterrühren und die Sauce beiseitestellen.

2 Für den Zander die Fischfilets waschen und trocken tupfen. Die Zwiebel schälen und in Streifen schneiden. Den Knoblauch in der Schale andrücken. Brühe, ½ l Wasser, Zwiebel, Knoblauch, Lorbeerblätter, Pfefferkörner und Salz in einen Topf geben und aufkochen. Die Zanderfilets in den Sud geben und etwa 15 Minuten ziehen lassen.

3 Für die Tagliatelle die Nudeln in reichlich kochendem Salzwasser nach Packungsanweisung bissfest garen. Den Spinat verlesen und waschen, grobe Stiele entfernen. Den Spinat gut abtropfen lassen.

4 Butter und Olivenöl in einer Pfanne erhitzen und den Spinat darin bei schwacher Hitze zusammenfallen lassen. Mit Salz und Muskatnuss würzen.

5 Die Sauce nochmals kurz erwärmen. Die Nudeln in ein Sieb abgießen, abtropfen lassen und auf Teller verteilen. Die Zanderfilets mit dem Schaumlöffel aus dem Sud heben und darauf anrichten. Den Spinat und die Sauce darübergeben.

Gegrillter Zander
mit Kräuter-Scampi-Reis

Zutaten für 4 Personen

200 g Basmatireis, Salz, 20 Garnelen (küchenfertig), 1 rote Zwiebel,
2 Knoblauchzehen, 4 EL Olivenöl, 200 ml Weißwein, abgeriebene Schale
und Saft von 1 unbehandelten Zitrone, Pfeffer aus der Mühle,
4 Zanderfilets (à 120 g; mit Haut), 40 g gehackte Kräuter (Salbei,
Thymian, Rosmarin, Basilikum und Minze), 2 EL Butter

1 Den Grill vorheizen. Den Reis in einem Sieb gründlich mit kaltem Wasser abspülen. In einem Topf mit 400 ml Salzwasser zugedeckt bei schwacher Hitze 20 Minuten garen.

2 Die Garnelen waschen und trocken tupfen. Zwiebel und Knoblauch schälen und in feine Würfel schneiden. In einer Pfanne 2 EL Olivenöl erhitzen, Zwiebel und Knoblauch darin andünsten. Mit Wein ablöschen. Die Zitronenschale und den -saft dazugeben. Die Garnelen hinzufügen und bei schwacher Hitze 5 Minuten köcheln lassen. Mit Salz und Pfeffer würzen.

3 Die Zanderfilets waschen und trocken tupfen. Die Haut mehrmals einritzen und die Filets mit Salz und Pfeffer würzen. Mit dem restlichen Öl bestreichen, mit der Hautseite nach unten auf den Grill legen und etwa 2 Minuten grillen. Wenden und weitere 2 bis 3 Minuten grillen. Die Kräuter, die Butter und die Garnelen unter den Reis mischen, auf Teller verteilen und die Zanderfilets darauf anrichten.

Zanderfilet aus dem Ofen

Zutaten für 4 Personen

4 Zanderfilets (à 120 g; ohne Haut), Salz, Pfeffer aus der Mühle,
4 Tomaten, 3 Schalotten, 2 Knoblauchzehen, 250 g Sahne,
4 EL Weißwein (am besten trockener Riesling), ¼ l Hühnerbrühe
(oder Fleischbrühe), 4 EL gehackte Petersilie, Zitronensaft

1 Den Backofen auf 180 °C vorheizen. Die Zanderfilets waschen, trocken tupfen und mit Salz und Pfeffer würzen. Die Tomaten kreuzweise einritzen, überbrühen, häuten, vierteln, entkernen und klein schneiden. Schalotten und Knoblauch schälen und in feine Würfel schneiden.

2 Schalotten, Knoblauch, Sahne, Wein und Brühe in einem Bräter verrühren. Den Zander hineinlegen und im Ofen auf der mittleren Schiene zugedeckt 15 bis 20 Minuten garen.

3 Den Fisch aus dem Ofen nehmen, die Tomaten und die Petersilie dazugeben und mit Salz, Pfeffer und Zitronensaft abschmecken. Dazu passt Kartoffelpüree (siehe S. 32) oder Baguette.

Adressliste:

Ralf Bos/BOS FOOD GmbH
Grünstraße 24c
40667 Meerbusch
Tel.: 02132-139-0
E-Mail: service@bosfood.de

Michael Ditzer/Cux-Fisch
Niedersachsenstraße 92, Fischhalle X
27472 Cuxhaven
Tel.: 04721-714471
E-Mail: info@cuxfisch.de

Wilhelm Grube/Grubes Fischerhütte
Hoopter Elbdeich 32
21423 Winsen (Luhe)
Tel.: 04171-601850
E-Mail: kontakt@grubes-fischerhuette.de

Berndt Kruse/Meergold – Rehben & Kruse
Jungfernstieg 19
24340 Eckernförde (Ostsee)
Tel.: 04351-2814
E-Mail: info@meergold.de

Joachim Niehusen/Hummer Pedersen
Große Elbstraße 152
22767 Hamburg
Tel.: 040-5229939-0
E-Mail: info@hummer-pedersen.de

Heinz Oestmann/Oestmanns Fischerhuus
Neßpriel 12
21129 Hamburg-Finkenwerder
Tel.: 040-7421254

Henning Plötz/Plötz Spezialitäten GmbH
Schmiedestraße 3
25348 Glückstadt
Tel.: 04124-932787
E-Mail: info@sh-feinkost.de

Horst Pöpke/Kreideseefischerei
Dorfstraße 9
21745 Hemmoor
Tel.: 04771-7497

Reinhard Rahn
Hermann-Kröger-Str. 7
23669 Timmendorfer Strand
Kutter Nl 10 Hauke
Tel.: 04503-86400

Gunnar Reese/Fischzucht Reese
Papiermühle 4
24616 Sarlhusen
Tel.: 04324-8810840
E-Mail: reese@reese-fischzucht.de

Matthias Sebald/Fischerei Sebald
Nördl. Seestraße 22
82541 Ammerland
Tel.: 08177-458 oder -9132

Wolfgang Welle/Angelverein Oberwolfbach e.V.
Weihermatte 2
77709 Wolfbach
Tel. 07834/867872
www.av-oberwolfbach.de

Alfred Wenskus/Reinfelder Teichwirtschaft
Karpfenplatz 1
23858 Reinfeld (Holstein)
Tel.: 04533-5638/04533-2086984
E-Mail: wenskus@reinfelder-karpfen.de

Klaus u. Hella Witte/Fisch Witte
Viktualienmarkt 9
80331 München
Tel.: 089-222640
E-Mail: info@fisch-witte.de

Jörg-Michael Zamek/Desietra
Kruppstraße 5
36041 Fulda
Tel.: 0661/92813-0
E-Mail: info@desietra.de

Bildnachweis:

Umschlag-, Reportage- und Foodfotos:
Olaf Gollnek

Illustration S. 5: Veronika Sen

Foto Sarah Wiener S. 7: Sarah Wiener GmbH